Il est si difficile de

T'AIMER

D0775778

Bill Klatte, Msw, Lcsw

Kate Thompson

Il est si difficile de
T'AIMER

97-B, Montée des Bouleaux, Saint-Constant, Qc, Canada J5A 1A9
Tél.: 450 638-3338   Téléc.: 450 638-4338
Internet : www.broquet.qc.ca   Courriel : info@broquet.qc.ca

Catalogage avant publication de Bibliothèque et Archives nationales du Québec et Bibliothèque et Archives Canada

Klatte, Bill

Il est si difficile de t'aimer

(Guide de survie)

Traduction de : It's so hard to love you.

ISBN 978-2-89000-965-3

1. Relations humaines. 2. Amour et haine. 3. Interaction sociale. I. Thompson, Kate. II. Titre. III. Collection : Guide de survie (Saint-Constant, Québec).

HM1111.K5214 2008   158.2   C2008-940683-4

Pour l'aide à la réalisation de son programme éditorial, l'éditeur remercie :

Le gouvernement du Canada par l'entremise du Programme d'aide au développement de l'industrie de l'édition (PADIÉ) ; la Société de développement des entreprises culturelles (SODEC) ; l'Association pour l'exportation du livre canadien (AELC).
Le gouvernement du Québec – Programme de crédit d'impôt pour l'édition de livres – Gestion SODEC.

Titre original : It's so hard to love you publié par New Harbinger Publications, Inc.
Copyright © 2007 Bill Klatte et Kate Thompson

Copyright © Broquet inc., Ottawa 2008
Dépôt légal — Bibliothèque nationale du Québec
2e trimestre 2008

Traduction Claire Perreau
Révision Andrée Laprise, François Roberge
Infographie Sandra Martel

Imprimé au Canada

ISBN 978-2-89000-965-3

Nous dédions ce livre à notre famille : notre mère, Jayne Klatte, et nos frères, Richard Prestor et Owen Klatte, en remerciement pour leur amour, leur soutien, leur intelligence, leur sens de l'humour et leurs dons artistiques. Ce fut toute une aventure… et elle continue encore.

Table des matières

Remerciements

Merci tout d'abord à toi, Kate. J'ai de la chance de t'avoir comme sœur. Ce livre n'aurait pas vu le jour sans ta collaboration. Nous avons même réussi à l'écrire sans (trop) nous fâcher, ce qui prouve ta patience ! Merci à mon ami Joe Kelly. Ton soutien et tes encouragements pendant toutes ces années m'ont été d'une aide inestimable. Ta détermination à faire de cette planète un endroit meilleur pour les enfants est pour moi une source d'inspiration. Merci à toi, Joy DiNicola, pour ta bienveillance et pour l'énergie positive dont tu m'as fait profiter au fil des ans. Nos cousins Fuerstenau ont apporté à ce livre leur touche personnelle. Merci à Karen, Vicki, Jeannie et Steve. Nous avons grandi ensemble, et vous avez toujours fait partie de ma vie. Un salut tout particulier à mes merveilleux petits-fils, Mason et Aidan Holcombe ; vous êtes formidables !

— *Bill Klatte*

Mes premiers remerciements vont vers toi, Bill, pour m'avoir proposé d'écrire ce livre avec toi. Cette expérience a été un vrai plaisir, mais aussi un défi, et je suis très heureuse que l'occasion m'ait été donnée de la vivre avec toi. À mes fils, Logan, Lucas et Graham Schinbeckler, et à toute ma famille, dispersée ici et ailleurs, merci pour votre amour, vos encouragements et vos suggestions. Dan, tu illumines ma vie, et tu me rappelles sans cesse pourquoi je fais ce que je fais. Pour leur aide à tous les niveaux, je souhaite remercier Mary Nelder, Susan Rheault, Beth Mastin, Fay Becks et Peter Carter. Je vous suis reconnaissante pour le temps, l'énergie et l'enthousiasme que vous avez partagés avec moi et qui m'ont aidée à aplanir certaines difficultés. Par-dessus tout, merci au Créateur, qui met sur mon chemin de nombreuses sources d'inspiration qui me conscientisent sur l'importance de lâcher prise, et qui me montrent comment m'y prendre.

— *Kate Thompson*

Nous voulons tous les deux remercier notre agent chez Lark Production, Robin Dellabough, ainsi que Melissa Kirk, responsable des acquisitions chez New Harbinger Publications, pour leur aide précieuse et leur détermination à mener ce projet à bien.

— *Bill et Kate*

Introduction

Avez-vous dans votre entourage une personne qu'il n'est pas facile d'aimer ? Vous arrive-t-il parfois d'être énervé contre elle ? Ou souvent peut-être ? Ressentez-vous de l'inquiétude, de la peur, de la colère, de la tristesse ? Si vous avez répondu oui, *Il est si difficile de t'aimer* peut vous aider. Dans ce livre, vous apprendrez que nombreux sont ceux qui ont, parmi leurs proches, une personne dont le comportement la rend difficile à aimer.

Ce que vous y apprendrez vous aidera probablement à savoir comment réagir vis-à-vis une tante qui veut vous imposer son point de vue, un adolescent difficile ou un ami qui passe son temps à parler de lui – d'une manière générale, tous ceux qui sont impolis, qui ne pensent qu'à eux ou qui en demandent trop aux autres. Cela dit, l'objectif premier d'*Il est si difficile de t'aimer* est de vous aider à gérer des proches qui ont *véritablement* des comportements irresponsables, haineux, ou même à la limite de la délinquance. Vous y apprendrez des méthodes pour garder tous vos esprits, même si un de vos proches manifeste des troubles sérieux qui sont profondément ancrés en lui. Il vous donnera l'occasion d'explorer les différentes options qui s'offrent à vous pour aider plus facilement votre proche difficile.

Voici quelques exemples de situations qui pourraient être les vôtres :

❖ Votre fille majeure vit avec un homme qui la dépouille de son argent et lui interdit de vous rendre visite.

❖ Votre frère ne cesse de se faire licencier et il ne se rend pas compte que son propre comportement peut y être pour quelque chose.

❖ Un ami de longue date vous a encore appelé pour vous emprunter de l'argent, « juste pour cette fois », pour pouvoir aller jouer au casino.

❖ Votre sœur souffre de troubles alimentaires qui inquiètent sérieusement votre famille.

❖ Votre conjoint(e) a un ami qui a l'habitude de mentir et qui profite de votre famille. Votre conjoint(e) ne s'en rend pas compte.

❖ Vos parents boivent trop et vous vous inquiétez pour eux. Et même si vous avez du mal à l'admettre, vous avez peur d'avoir à les prendre en charge s'ils venaient à tout perdre en raison de cette mauvaise habitude.

❖ Vous avez un fils majeur qui souffre d'un trouble de l'attention. Vous en occuper vous épuise et vous décourage, et sa présence dans votre maison complique la vie de tout le monde.

❖ Votre père s'enferme dans le silence lorsque vous le contrariez.

❖ Un de vos enfants majeurs éprouve des difficultés, sur le plan physique ou émotionnel, qui l'empêchent d'assumer correctement ses responsabilités d'adulte. Vous essayez de l'aider, mais rien de ce que vous faites ne semble suffisant.

Ces situations, et beaucoup d'autres, sont la réalité quotidienne d'un grand nombre de personnes. Vous trouverez beaucoup d'exemples dans ces pages. Mais ce livre vous fournira surtout de l'information et des solutions pratiques pour vous aider à adopter un comportement plus efficace à l'égard de votre proche difficile – quel que soit son problème.

Peu importe que vous fassiez votre maximum pour l'aider, ou que vous ne soyez qu'un témoin impuissant de son malheur, ce genre de personne entraîne tout son entourage dans sa chute. Vous aurez parfois l'impression de devenir fou, ce qui est complètement normal. La plupart des gens qui s'inquiètent du sort d'un proche difficile font face à des problèmes similaires, lesquels peuvent provoquer ce qui suit :

❖ tension au quotidien au sein de la famille ;

❖ séparation et divorce ;

- ❖ détérioration de relations avec d'autres personnes ;

- ❖ problèmes financiers ;

- ❖ maladie ;

- ❖ dépression ;

- ❖ perte de mémoire ;

- ❖ difficulté de concentration ;

- ❖ retour à la maison d'un enfant majeur difficile ;

- ❖ démêlés avec des policiers et des représentants de la loi.

Lâcher prise

Nous avons remarqué que la majorité des gens réagissaient de deux façons vis-à-vis un proche difficile au comportement dommageable. La première con-siste à essayer de sauver cette personne et, la seconde, à se laisser aller à la colère et à la frustration.

Lâcher prise se trouve quelque part entre les deux. Il s'agit d'une troisième option qui est efficace lorsqu'on est confronté à des personnes qu'il est difficile d'aimer. Lâcher prise ne signifie pas que l'on sort complètement de la vie de cette personne ou que l'on essaie au contraire de l'amener à faire exactement ce que l'on veut.

Bien que votre situation soit probablement compliquée et unique à de nom-breux égards, certaines personnes ont réussi à améliorer leur vie en appre-nant à gérer leurs problèmes d'une façon nouvelle. À travers ce livre, ce sont les deux aspects du lâcher prise que nous souhaitons vous présenter. Ces deux aspects sont les suivants :

1. Vous pouvez accepter une personne difficile sans accepter son comportement nuisible.

2. Prendre soin de vous-même est un acte d'amour qui profitera également à votre entourage.

Ces principes de vie se divisent en étapes avec lesquelles vous pourrez vous familiariser. Ils se sont révélés d'une grande utilité dans notre vie et chez nos collaborateurs.

Ce qu'il y a de formidable, c'est que vous pouvez apprendre à lâcher prise. Vous trouverez dans *Il est si difficile de t'aimer* de l'information, de l'aide et des exercices qui vous permettront de mieux comprendre la situation et de déterminer les changements à y apporter.

Vous découvrirez que, quelles que soient les circonstances entourant les actes de votre proche difficile, et quoi que puisse en dire votre entourage, c'est *vous* qui déterminez ce qui est bon et ce qui est mauvais pour vous. Même si vous vous heurtez à une personne qui est atteinte d'une maladie ou qui souffre d'un handicap quelconque, *vous* êtes la seule personne qui peut, et qui doit, décider ce qui vous convient et ce qui ne vous convient pas. En appliquant nos suggestions, vous pouvez apprendre à le faire. Ainsi, vous serez en mesure de vivre dans la sérénité et le bien-être, même si la personne qui vous complique la vie ne change pas de comportement.

Vous trouverez à la fin du livre une liste d'ouvrages et d'organismes qui pourront vous aider à continuer le travail. *Il est si difficile de t'aimer* n'est qu'une étape de plus dans ce processus, mais nous espérons qu'elle vous sera profitable.

Merci de nous laisser faire un bout de chemin avec vous.

Comment utiliser ce livre

Il est important de lire *Il est si difficile de t'aimer* du premier au dernier chapitre, car les informations qu'il contient au fil des pages se complètent. Vous y trouverez des auto-évaluations dans chaque chapitre, afin d'en apprendre plus sur vous-même et d'aller de l'avant.

Nous vous suggérons de vous munir d'un carnet de notes ou autre support d'écriture pour vous accompagner dans ce travail. Il peut s'agir d'un simple cahier à spirales, ou d'un beau carnet relié destiné à ce genre d'exercice. Peu importe son apparence, il doit être pratique pour vous. Certaines personnes aiment décorer leur journal avec des dessins, des autocollants ou des photos. Si vous prenez des notes sur un ordinateur, imprimez-les et conservez-les dans une reliure à trois anneaux – que vous pourrez également personnaliser.

Vous pourrez utiliser votre journal pour les exercices d'écriture que nous vous suggérons. Il pourra également se révéler un outil pratique si vous souhaitez faire un suivi des réactions, questions, impressions et idées que suscitera votre lecture.

À mesure que vous lirez cet ouvrage et que vous rédigerez votre journal, vous verrez que vous interagissez avec les autres par vos actes, vos pensées et vos sentiments. Vous pourrez utiliser ces trois éléments pour explorer ce que vous vivez. Décrivez *ce qui s'est passé* (actes et événements), *ce que vous pensez* à propos de ce qui s'est passé (pensées) et *ce que vous ressentez* par rapport à ce qui s'est passé (sentiments).

Inutile d'être un grand écrivain pour tenir un journal. L'orthographe, la grammaire et l'esthétique de votre écriture n'ont pas d'importance. Ce journal n'est destiné qu'à vous-même. Peu importe que vos entrées soient longues ou courtes, l'essentiel étant de se défouler, d'y voir plus clair, d'exprimer sa gratitude, etc. Vous pouvez y gribouiller, dessiner ou coller des images de magazines et des photos. Le but n'est pas qu'il soit parfait, mais qu'il vous soit utile. Une dernière suggestion : inscrivez la date au début de chaque entrée.

Vous trouverez intéressant et encourageant de pouvoir faire un suivi de votre apprentissage et de votre progression.

Alors, qui sommes-nous?

Nous, Bill Klatte et Kate Thompson, sommes frère et sœur. Nous avons grandi dans le sud-ouest du Wisconsin avec nos deux frères et tout un tas de cousins. À certains moments, notre vie était merveilleuse, à d'autres, elle était plus difficile. Les bons moments ont été ponctués de déménagements fréquents, de disputes de famille et surtout, de la mort de notre père, alors que nous étions encore adolescents. Dans les années qui ont suivi son décès, la quasi-totalité des adultes de notre famille nous ont également quittés, mais notre mère a réussi à maintenir la cohésion au sein de la famille qu'il nous restait.

Nos chemins de vie ont continué à nous mener tous les deux vers des relations difficiles et vers d'autres défis personnels. Mais ces expériences ont également été la source de dons très précieux – croissance personnelle, relations plus profondes, enfants, petits-enfants, travail épanouissant.

Notre lien s'est renforcé au fil des ans, malgré notre éloignement géographique. Bill est un vrai citadin qui vit dans une banlieue de Milwaukee, au Wisconsin, où nous sommes nés. Kate est à l'inverse passionnée par la campagne, et elle aime la vie qu'elle mène sur l'île Manitoulin, dans le nord de l'Ontario. Nos différences et nos similitudes se sont mélangées au fil des années et nous ont permis de devenir des amis proches et des collègues de travail qui ont la chance supplémentaire d'être de la même fratrie.

... et pourquoi avons-nous écrit ce livre?

Pendant de nombreuses années, Bill a conseillé des personnes aux prises avec des proches difficiles – des membres de leur famille ou amis proches qui reproduisaient sans cesse les mêmes comportements dommageables. Il a souvent espéré tomber un jour sur un livre que lui et d'autres professionnels de son domaine pourraient partager avec leurs clients. Son objectif était d'apprendre à ces gens à être mieux armés pour relever les défis que pouvaient poser leurs proches difficiles – tout en conservant leur santé mentale.

Un beau jour, Bill a compris qu'il lui fallait écrire lui-même cet ouvrage. Après avoir fait un travail préliminaire, il a commencé à écrire, et il a rapidement vu qu'il lui fallait trouver un collaborateur de confiance. Le nom de Kate est le premier qui lui soit venu à l'esprit. Elle possédait une bonne expérience en conseil et en enseignement auprès des adultes, et ils avaient toujours eu le même point de vue sur ce qui motivait les gens et sur la façon de les aider.

Grâce à notre voyage personnel et à notre travail avec les autres, nous avons découvert un grand nombre de concepts et de compétences qui nous ont permis de mener une vie plus épanouissante. Nous avons appris à accepter que nous ne pouvions pas changer les autres – même si nous aimerions parfois en avoir la capacité. La méthode du lâcher prise a si bien fonctionné pour nous et pour les personnes avec lesquelles nous travaillons que nous souhaitons la partager avec les autres. Ce livre est né de cette volonté commune.

Aller de l'avant

Joignez-vous à nous pour relever ce défi et pour accomplir ce voyage passionnant. Il ne s'agit pas de faire des miracles, mais seulement de faire de son mieux, d'être aussi honnête que possible avec vous-même et d'appliquer nos suggestions. Nous sommes convaincus que vous trouverez des réponses à certains de vos dilemmes. Alors, c'est parti...

CHAPITRE I

DES VIES DIFFICILES

Linda était épuisée. Son fils Thomas, 18 ans, recommençait à être violent. Elle souffrait de le voir manifester tant de méchanceté envers sa fille, et elle redoutait ses colères.

« Je ne comprends pas pourquoi tu te mets dans cet état, lança-t-elle à son fils en pleurant. Je fais tout ce que je peux pour t'aider. Qui t'a laissé revenir à la maison après ta rupture avec Carla ? » Linda s'affaissa sur sa chaise, tandis que des larmes de découragement coulaient sur ses joues.

Thomas frappa sur la table avec son poing. « C'est quoi ton problème ? Je t'ai juste demandé de t'occuper de Jenny quelques heures. Tu n'es même pas capable de t'occuper d'une enfant ?

— Je sais, Thomas, mais ce n'est qu'une petite fille, et elle fait des bêtises, comme tous les enfants. Je fais tout ce que je peux pour t'aider, mon fils. Je ne sais pas ce que tu peux attendre d'autre venant d'une mère, mais dis-le-moi et je le ferai.

— Par pitié, maman, arrête de me dire comment je dois élever mon propre enfant. Je sais ce dont Jenny a besoin. Et je sais que ce dont moi, j'ai besoin, c'est d'avoir la paix pendant une minute ou deux. J'ai assez de problèmes comme ça avec mon patron. Je n'ai pas besoin que tu en rajoutes.

— S'il te plaît, Thomas, arrête de crier, Jenny risque de t'entendre, le supplia Linda avant que Thomas sorte de la pièce d'un pas lourd. Comme souvent, Linda ne savait pas si elle devait hurler de colère ou se cacher dans un trou de souris et se laisser mourir de chagrin. Et comme chaque fois, elle avait peur – peur pour Jenny, pour Thomas et pour elle-même.

En poussant un soupir, Linda se releva et commença à faire la vaisselle. De l'eau mousseuse éclaboussait le comptoir et le sol en écho à son énervement et à son désarroi. « J'aimerais tellement savoir ce qui arrive à mon petit garçon. Si seulement les choses pouvaient se passer de la même façon que lorsqu'il était petit. Où me suis-je trompée ? Je ne comprends pas pourquoi il traite les gens de cette façon. Quand est-ce que ça va finir ? »

Des proches difficiles

Vous est-il déjà arrivé de ressentir la même chose que Linda ? Un de vos proches se comporte-t-il mal avec vous ou avec le reste de son entourage ? Répète-t-il continuellement les mêmes erreurs ? Si vous avez répondu oui à une de ces questions, sachez que vous n'êtes pas seul. Et votre histoire ne se terminera pas obligatoirement de la même façon que celle de Linda. Vous n'êtes pas condamné à un avenir fait d'incertitude et de découragement.

Thomas est ce que l'on appelle un « proche difficile ». Dans ce livre, ce terme fait référence à ceux, parmi nos proches, qui ont un comportement qui pose problème. D'ailleurs, nous utilisons également le terme « problématique ». Ces personnes sont donc des membres de notre famille ou des amis majeurs que nous aimons et qui se laissent aller, sur une base récurrente, à des comportements nuisibles pour eux-mêmes et pour leur entourage. Il peut s'agir de nos fils, de nos filles, de nos frères, de nos sœurs, de nos parents, de nos maris, de nos femmes, de notre famille plus élargie ou de nos amis.

Ces proches problématiques ont tendance à se retrouver dans des relations malsaines. Certains souffrent de déficience intellectuelle. D'autres sont dépendants au jeu, aux drogues ou à l'alcool. Certains mangent trop, ou ne mangent pas assez, au point de mettre leur santé en danger. D'autres encore sont souvent déprimés ou en colère, manipulent les autres, ont du mal à prendre des décisions, ont peur de tout ou sont asociaux. Ces personnes ont un point commun : elles mènent leur vie d'une façon qui influence négativement leurs décisions et leurs actions. Examinons maintenant de plus près leur profil.

«Des membres de notre famille ou des amis adultes que nous aimons...

Les amis et les membres de notre famille dont le comportement est problématique n'en sont pas moins des personnes très importantes à nos yeux. Il s'agit de jeunes adultes et de personnes plus âgées. Dans certains cas, elles vivent avec nous, et il est possible que nous les voyions très fréquemment, moins souvent ou même pas du tout. Quoi qu'il en soit, nous sommes profondément attachés à elles, et nous aimerions avoir une relation saine avec elles.

... et qui reproduisent sans cesse...

Nos proches difficiles ne cessent de répéter les mêmes erreurs. Ils prennent continuellement des décisions destructrices, malgré les efforts de leur entourage pour les aider à changer. C'est une de leurs principales caractéristiques – ils ne semblent pas retirer de leçon de leurs erreurs.

Il est normal que des enfants et des adolescents refassent les mêmes erreurs, puisque ce comportement fait partie du processus de croissance. C'est de cette façon qu'ils apprennent. Mais les proches difficiles dont nous parlons ici sont des adultes, qui devraient être capables de prendre des décisions raisonnables. Pourtant, ce n'est pas le cas. C'est ce qui nous incite à les considérer comme des personnes problématiques.

Les personnes relativement saines et équilibrées gèrent plutôt bien les épreuves que la vie leur impose. Nos proches difficiles semblent être à l'origine de ces épreuves.

... des comportements très dommageables pour eux ou pour leur entourage. »

Ces êtres problématiques commettent des actes dont les conséquences sont graves pour eux-mêmes et pour ceux qui les entourent. En matière de communication, ils oscillent entre l'affrontement et la distance. Il leur arrive de dilapider leur argent, de boire, de se droguer, d'être de mauvais parents ou de ne pas tenir compte de leurs propres besoins.

Nous ne parlons pas ici d'un oncle insensible qui fait des blagues déplacées ou d'une belle-mère irritante qui débarque chez vous sans prévenir, mais de personnes dont le comportement est véritablement problématique, et qui se laissent abuser par les autres, ou qui, au contraire, profitent des autres ou font d'autres choix dommageables. C'est souvent la répétition de ces mauvais choix qui les rend si nuisibles.

Comment votre proche difficile vous traite-t-il ?

Si vous avez la sensation d'être négligé ou maltraité, sachez que vous n'êtes pas seul. Pour les nombreuses personnes qui ont dans leur entourage un proche difficile, les situations suivantes surviennent fréquemment. Demandez-vous dans quelle mesure vous faites face à ces mêmes expériences.

❖ Obtenir une réaction agressive, même lorsque vous vous exprimez et vous comportez avec calme et bienveillance.

❖ Être accusé d'avoir une responsabilité dans le comportement de votre proche.

❖ Devoir passer votre temps à vous excuser.

❖ Passer inaperçu lorsque vous offrez des conseils ou que vous faites part de vos besoins.

❖ Apporter votre aide et ne jamais en être remercié.

❖ Entendre votre proche parler en termes élogieux de personnes qui en ont fait beaucoup moins que vous à son égard.

❖ Prêter de l'argent qui vous est remboursé beaucoup plus tard, ou jamais. Prêter des objets qui vous sont rendus en retard ou abîmés, ou qui ne vous sont jamais rendus.

❖ Ne pas pouvoir compter sur cette personne pour vous aider comme vous l'avez fait avec elle.

Penchons-nous maintenant sur la situation de Carolyn avec sa fille :

J'ai du mal à admettre que mes propres enfants puissent me traiter aussi mal. Tant que je ne les contrarie pas, tout va bien. Mais dès que je n'abonde plus dans leur sens, c'est la débandade. Par moments, ils sont volontairement désagréables avec moi. Hier, ma fille était toute douceur avec moi parce que j'avais proposé de garder ses enfants, mais lorsque je lui ai demandé un service en retour, elle a refusé. Elle ne comprend pas qu'il n'est pas évident de courir après ses deux petits enfants. Lorsque je ne suis pas là, ma fille s'arrange pour faire ses affaires toute seule, mais si je suis dans les parages, elle m'oblige à la suivre dans ses déplacements, par exemple à l'épicerie. Si je lui demande de venir avec moi au supermarché pour m'aider à porter mes courses, elle me répond : «Pourquoi tu ne demandes pas à quelqu'un d'autre ?»

Comportement de nos proches difficiles

Les personnes au comportement problématique ne se définissent pas par leur taille, leur sexe, leurs compétences, leur éducation ou leurs revenus, mais par leurs actes. C'est ce qu'ils font – et ne font pas – qui détermine vos sentiments à leur égard. Même si elles s'en veulent de mal agir, il est difficile de les aimer lorsqu'elles semblent incapables de modifier leur comportement dommageable, ou réticentes à le faire.

Vous trouverez ci-dessous une liste des comportements propres à ces êtres difficiles. En la lisant, gardez à l'esprit que personne n'est concerné par tous ces comportements à la fois, mais que la plupart des gens difficiles en manifestent au moins un ou deux. Et n'oubliez pas qu'il s'agit uniquement de comportements, qui ne sont qu'une composante de la personnalité de votre proche. Nombre de ces personnes difficiles aspirent à être – si elles ne le sont pas déjà – des proches aimants et merveilleux. Mais c'est lorsqu'elles ne sont pas aimantes et merveilleuses qu'elles deviennent nuisibles.

Le proche difficile manifeste souvent les comportements suivants :

IL N'HONORE PAS SES PROMESSES ET N'ASSUME PAS SES RESPONSABILITÉS JUSQU'AU BOUT. Il laisse ses projets en suspens, est souvent en retard, oublie ses rendez-vous, ne donne pas de ses nouvelles. Malgré l'absence de suivi qui le caractérise, il ne comprend pas ce qui vous gêne dans son comportement.

IL MANIPULE. Il cherche à exercer une certaine forme de contrôle sur les autres, et il n'hésitera pas à déformer la réalité pour porter préjudice à son entourage. Ainsi, s'il a l'air triste, vous vous sentirez coupable, et s'il se met en colère, vous céderez. Il fait des choses qui vous contrarient, mais il maintiendra que c'est vous qui êtes déraisonnable. Dans le pire des cas, ce genre de personne peut vous faire douter de votre propre équilibre mental.

IL S'EMPORTE FACILEMENT. Parce qu'il manque de contrôle sur lui-même, il aura souvent tendance à exploser, en privé mais aussi en public, à être violent physiquement, à jeter des objets, à être vulgaire et à injurier les autres. Il est généralement irritable et reporte sur les autres la responsabilité de ses propres sentiments et actes, sur lesquels il n'a pas de maîtrise.

IL EST NÉGATIF OU A TENDANCE À TOUT CRITIQUER. Tout est bon pour se plaindre, et il voit toujours ce qu'il y a de mauvais chez les gens et dans les situations.

IL ENFREINT LA LOI. Il est du style à avoir des amendes pour excès de vitesse, à perdre son permis de conduire, à faire des chèques sans provision, à voler, à se faire arrêter pour atteinte à l'ordre public ou pour violence domestique. Une fois de plus, il aura tendance à reporter la responsabilité de ses actes sur la police, sur les avocats, sur vous ou sur le système judiciaire.

Il ne conserve pas longtemps le même emploi. Il n'est pas inhabituel que les personnes difficiles interrompent leurs études, se fassent licencier ou démissionnent de leur travail. Les conflits avec les patrons, les enseignants ou les collègues de travail sont monnaie courante.

Il gère mal ses biens matériels et son argent. Certains de ces êtres problématiques n'ont aucune idée de la bonne façon de gérer leur argent. D'autres refusent de dépenser quoi que ce soit, même pour les nécessités, surtout lorsque c'est pour quelqu'un d'autre. La plupart du temps, ils ne prennent pas soin de leurs biens. Ils font sans cesse face à des problèmes de factures impayées, de prêts non remboursés, d'endettement par carte de crédit, de faillite, de saisie de véhicule et autres problèmes financiers. Ce sont leurs comportements impulsifs et leurs mauvaises décisions qui attirent ce genre de problème, et non des événements financiers sur lesquels ils n'ont pas de prise.

Il refuse d'être prévoyant et il ne participe pas aux événements avec les autres. Le proche difficile ne planifie pas plus sa retraite ou l'éducation de ses enfants que les événements du quotidien. Les vacances et autres occasions spéciales ne font pas partie de sa vie puisqu'il se refuse à économiser de l'argent pour ce genre de projet, ou même à en discuter.

Il ment. Même si on lui prouve que son compte en banque est vide, le proche difficile s'évertuera à nier qu'il a dépensé tout cet argent. Ou bien il prétendra que tout va bien au travail ou à l'école, jusqu'à ce que vous appreniez qu'il a été congédié de son emploi ou expulsé de l'école. Le soir où il a appelé pour prévenir qu'il allait travailler tard, il se trouvait en fait dans un bar ou chez une connaissance.

IL CHANGE SOUVENT D'ADRESSE. Ces déménagements fréquents sont parfois le résultat d'un choix délibéré, pour fuir des créanciers et des voisins « indiscrets », ou pour échapper à la loi. Mais ils peuvent également révéler une certaine forme d'instabilité. La plupart du temps, ce genre de personne ne voit pas à quel point ces déménagements constants peuvent être éprouvants pour la famille.

IL NÉGLIGE OU MALTRAITE SES ENFANTS. Un adulte qui mène une vie chaotique peut négliger les besoins physiques et émotionnels de ses enfants, il peut les maltraiter, les exposer à des situations d'adultes – comme des soirées où l'on boit beaucoup ou des situations à connotation sexuelle –, les laisser livrés à eux-mêmes ou les confier à des personnes irresponsables.

IL CHOISIT MAL SES AMIS ET SES PARTENAIRES AMOUREUX. Qu'il soit du type meneur ou suiveur, le proche difficile peut être en relation avec une personne qu'il n'aime pas si celle-ci lui fait pitié, s'il en a peur ou s'il espère en soutirer quelque chose. Certains restent dans des relations malsaines parce qu'ils ont peur de se retrouver seuls.

IL SABOTE SES RELATIONS AVEC LES AUTRES. En exagérant ses difficultés, en propageant des rumeurs et en présentant plusieurs versions d'une même histoire à différentes personnes, le proche difficile peut rendre une personne tellement malheureuse qu'elle finira par sortir de sa vie. Il lui arrive de rabaisser les autres, de se comporter de façon irresponsable et d'avoir recours au mensonge. Pourtant, il ne comprend pas pourquoi les autres souhaitent l'éviter.

IL SE LAISSE ALLER À DES COMPORTEMENTS DANGEREUX. La liste des comportements dangereux est presque infinie, mais on peut mentionner par exemple les relations sexuelles non protégées ou à outrance, la conduite dangereuse sur la route, les défis à risque, les combines financières douteuses, le port d'arme, la consommation ou la revente de drogue.

ROMPRE TOUTE RELATION AVEC SON ENTOURAGE. Le proche difficile peut refuser tout contact avec une personne qu'il juge « mauvaise » et aller jusqu'à nier son existence. Lorsqu'il rompt toute relation avec certains membres de sa famille, sa froideur porte atteinte à la famille tout entière. En effet, une telle situation engendre une tension entre les membres de la famille, qui finissent par prendre position. Les réunions de famille se transforment alors en parcours d'obstacles.

Une autre façon d'envisager nos proches difficiles

Jusqu'à présent, nous avons parlé des comportements précis qui rendent ces êtres si difficiles à aimer. Nous allons maintenant examiner les différents groupes auxquels nous pouvons les associer. Il s'agit à l'évidence d'un processus arbitraire, mais cette catégorisation devrait vous permettre de mieux comprendre ces êtres problématiques. Nous tenons également à souligner que certaines personnes peuvent faire partie de ces groupes sans être pour autant les personnes difficiles dont il est question dans ce livre. Certaines d'entre elles peuvent au contraire se révéler très aimantes et très intéressées par le sort de leur famille. Ces groupes se divisent de la façon suivante :

❖ les alcooliques et les toxicomanes ;

❖ les personnes « accros » à une activité ;

❖ les personnes qui souffrent de problèmes émotionnels et de maladies mentales ;

❖ les personnes qui souffrent de troubles du développement ;

❖ les personnes concernées par des problèmes tels qu'un syndrome d'alcoolisation fœtale, un trouble déficitaire de l'attention ou des troubles de l'apprentissage ;

❖ les adeptes de l'automutilation ;

❖ les agresseurs ;

❖ les personnes présentant un danger physique.

Il n'est pas évident de bien cerner nos proches difficiles et de comprendre ce qu'ils font et pourquoi ils le font. Mais dans la mesure où une meilleure compréhension du comportement de votre proche peut vous permettre d'améliorer la relation que vous entretenez avec lui, il vous sera profitable d'examiner de plus près les différents groupes auxquels il pourrait appartenir.

Apportons une précision importante à ces renseignements : plusieurs de ces groupes englobent des individus dont l'état est attribuable à un accident, à une maladie, aux gènes, à des complications au moment de l'accouchement ou à des problèmes survenus pendant l'enfance. Par conséquent, il vous sera moins évident de les envisager comme des personnes difficiles puisque leurs problèmes ne sont pas leur « faute ».

Prenons l'exemple d'un oncle qui a perdu une jambe dans un accident, et qui est par la suite devenu alcoolique et agressif avec son entourage. Sa famille a du mal à lui demander de faire des efforts, puisque son accident et son handicap physique excusent son comportement. Elle préfère donc tolérer sa colère et ses excès d'alcool parce qu'elle a pitié de lui et pense ne pas avoir le droit de lui en vouloir.

Et que peut-on dire de la femme qui a souffert de dommages cérébraux à la naissance, de l'homme qui est passé d'un foyer d'accueil à un autre pendant toute son enfance ou de la personne atteinte d'une maladie mortelle ? À votre avis, que devez-vous ressentir à leur égard ? Ce n'est pas leur faute si la vie s'est vengée sur eux, n'est-ce pas ? Ne méritent-ils pas un peu plus de patience et de compassion que les autres ?

Parce que ces situations peuvent être la source d'une grande confusion, il est parfois utile de prendre un peu de recul et de se limiter à un seul aspect du problème, en concentrant votre énergie sur vous-même et sur la façon d'interagir avec votre proche difficile, au lieu de vous arrêter sur ses problèmes et sur la façon dont ils ont surgi. Si le comportement de votre proche difficile présente un problème pour vous, vous êtes en droit de le considérer de ce point de vue, sans vous intéresser à ce qui le motive. La patience et la compassion sont des qualités merveilleuses, mais votre capacité à prendre soin de vous en est également une. Prenez soin de vous lorsqu'un proche difficile vous rend la vie impossible – que ce soit sa « faute » ou non.

Les alcooliques et les toxicomanes

Ces personnes abusent d'alcool et de substances toxiques. Peu importe qu'elles en consomment tous les jours ou quelques fois par année, le principal facteur dont nous tenons compte dans ce livre est dans quelle mesure leurs abus deviennent problématiques pour eux et pour leur entourage.

Une fois qu'ils ont commencé, les alcooliques et les toxicomanes sont souvent incapables de s'arrêter, et il leur arrive d'organiser leur emploi du temps autour de leur consommation d'alcool et de drogue. En général, les protestations de leur famille ne les empêchent pas de continuer, et ils ne s'arrêtent pas, même s'ils savent que cette mauvaise habitude leur cause de graves problèmes et met leur vie en danger. Ils se retrouvent emprisonnés par cette dépendance.

Les personnes dans ce groupe ont un point commun : qu'elles soient ou non sous l'emprise de la drogue ou de l'alcool, le regard qu'elles portent sur elles-mêmes et sur le reste du monde est différent de celui des autres tant qu'elles ne sont pas traitées. Même lorsqu'elles mettent fin à leur consommation d'alcool ou de drogue, elles conservent souvent, si elles ne sont pas aidées, une part d'agressivité et de froideur, ainsi qu'une tendance à vouloir tout contrôler.

Les personnes « accros » à une activité

Tout comme les alcooliques et les toxicomanes, les personnes qui ont développé une dépendance à une activité conservent cette mauvaise habitude parce qu'elle leur procure un certain soulagement ou qu'elle provoque chez elles une poussée d'adrénaline. Lorsqu'il est question de jouer ou de parier, de pratiquer des rapports sexuels, de faire les magasins, de travailler, de faire du sport ou toute autre activité, ces personnes difficiles ne font pas dans la demi-mesure. En supposant qu'elles ne s'y adonnent pas fréquemment, le fait est qu'elles entretiennent un rapport compulsif avec l'activité qu'elles ont choisie. Dans certains cas, elles sont même capables de tout abandonner pour satisfaire leurs besoins émotionnels. Comme les alcooliques et toxicomanes, les accros à une activité cherchent habituellement à dissimuler leur dépendance, mais les personnes vraiment proches décèlent généralement la vérité.

Ces abus d'activités présentent un problème assez particulier : ils peuvent être considérés socialement acceptables, et même admirables, ce qui complique les choses lorsqu'il est question de reconnaître qu'il existe bel et bien un problème. Il est difficile, pour un observateur extérieur, de deviner que la réussite financière de l'oncle Harry dissimule une famille brisée par son obsession du travail. Les amis et les relations de tante Sally ne savent probablement pas que son énergie débordante et sa silhouette irréprochable cachent une obsession de l'exercice physique, et que sa famille se sent frustrée et exclue de cette partie de sa vie.

Les personnes dépendantes d'une activité ont plusieurs points en commun avec les alcooliques et les toxicomanes. Généralement, elles :

❖ se servent de leur dépendance pour ne pas avoir à s'attarder sur les pensées, sentiments et situations difficiles ;

❖ sont nuisibles pour elles-mêmes et pour les autres sur le plan physique, financier et émotionnel, en raison de leur comportement excessif ;

❖ conservent une distance émotionnelle avec leur entourage ;

❖ deviennent de plus en plus dépendantes et difficiles avec le temps ;

❖ manifestent plus d'un type de comportement abusif ;

❖ ont besoin d'aide pour mettre fin à leur mauvaise habitude.

Les personnes qui souffrent de problèmes émotionnels et de maladies mentales

Les problèmes que l'on retrouve dans cette catégorie varient d'états psychologiques gérables, à des handicaps ayant le pouvoir de changer la vie d'une personne. Ceux qui souffrent de dépression, d'angoisses ou de troubles obsessionnels compulsifs reçoivent souvent une aide psychologique ou un traitement médical.

Les personnes qui souffrent de troubles du développement

Ces individus ont une intelligence inférieure à la moyenne et sont limités dans différents aspects de la vie quotidienne, comme la communication, les capacités physiques, les études, le travail et le simple fait de s'occuper d'eux-mêmes. Leurs limitations peuvent être mineures ou plus profondes. Les personnes qui souffrent de troubles du développement peuvent éprouver de la difficulté à prendre des décisions efficaces et à exprimer ou canaliser leurs émotions de façon appropriée.

Le fils de Jim et Sandi avait réussi à décrocher son baccalauréat grâce à tous les cours de soutien reçus. Il avait vécu chez ses parents jusqu'au début de la vingtaine, mais la tension créée par sa présence avait des effets dévastateurs sur leur relation et sur leurs trois autres enfants. Ils avaient donc fini par lui demander de partir. Ils lui avaient trouvé un studio et l'ont aidé à payer ses factures. Sandi se rappelle de son fils en ces termes :

Il n'arrêtait pas de se disputer avec nous quand il était à la maison… sauf s'il était enfermé dans sa chambre, où il passait le plus clair de son temps. Il a été renvoyé de son travail parce qu'il trouvait qu'il méritait mieux que de débarrasser les tables. Il recevait des coups de fil d'inconnus et leur envoyait de l'argent. Si quelqu'un était gentil avec lui, il pensait que cette personne l'aimait bien, alors que, la plupart du temps, elle ne cherchait qu'à se moquer ou à se servir de lui. Nous avons essayé de le prévenir, mais il ne nous écoutait pas. Il attachait beaucoup plus d'importance à ce que lui disaient des inconnus.

Les personnes concernées par des problèmes tels qu'un syndrome d'alcoolisation fœtale, un trouble déficitaire de l'attention ou des troubles de l'apprentissage

Il existe des troubles, diagnostiqués chez de nombreuses personnes, qu'il est difficile de classifier aux fins du présent ouvrage. Pourtant, ils peuvent être extrêmement difficiles à tolérer pour ceux qui en souffrent et pour leurs proches. Parmi ces maladies, on trouve notamment le syndrome d'alcoolisation fœtale (SAF), les troubles de l'apprentissage (TA) et le trouble déficitaire de l'attention (TDA). Leur intensité varie de modérée à grave, et il n'y a aucun doute qu'ils peuvent générer des attitudes et comportements déplaisants.

Les adeptes de l'automutilation

Dans certains cas de figure, une personne qui s'en prend à elle-même peut manifester un trouble de l'alimentation, mais il arrive également qu'elle s'inflige une souffrance physique. Les troubles de l'alimentation les plus courants sont la frénésie alimentaire, l'anorexie et la boulimie. Le fait de trop manger, de ne pas manger assez ou de se « purger » après s'être laissée aller à des excès donne à la personne le sentiment d'exercer un certain contrôle sur son corps lorsque le reste de sa vie lui échappe. Les adeptes de l'automutilation s'infligent des blessures telles que des coupures, des griffures ou des brûlures. Ce comportement vise également à reprendre un certain contrôle sur les expériences et les souvenirs traumatisants qu'il leur est impossible d'affronter.

Les agresseurs

Les agresseurs provoquent, traquent, maltraitent ou profitent de leur entourage sur les plans physique, sexuel, émotionnel, verbal, financier ou psychologique. Peu importe qu'ils sévissent à l'occasion d'un seul incident ou sur une base régulière, le mal qu'ils infligent peut avoir de graves répercussions. L'agresseur peut s'en prendre à n'importe quelle personne de son entourage : son conjoint, sa conjointe, ses enfants, d'autres membres de sa famille, ses amis, ses collègues de travail ou de parfaits inconnus.

Les personnes présentant un danger physique

Un proche difficile peut devenir dangereux. Pour lui-même lorsqu'il tente de mettre fin à ses jours, et pour les autres lorsqu'il s'en prend à eux physiquement. En fait, la violence domestique est malheureusement courante, et n'importe qui peut être concerné – jeunes et moins jeunes, hommes et femmes, hétérosexuels et homosexuels, mariés et célibataires, handicapés physiques et non handicapés.

Une menace et une tentative d'agression physique doivent être prises au sérieux. Si vous êtes dans une situation de ce genre, vous devez en parler à un proche ou à un professionnel du domaine. Ne gardez pas cette information pour vous.

Appelez une ligne d'assistance ou prenez contact avec un professionnel de la santé. Si votre proche difficile est aidé par un agent de probation, un thérapeute, un prêtre ou un autre professionnel, communiquez avec lui. Si celui-ci n'est pas disponible, ou si vous ne vous sentez pas à l'aise avec lui, appelez la police. En effet, les policiers ont le droit d'arrêter une personne qui présente un danger pour elle-même ou pour son entourage.

Il est tout à fait compréhensible que vous hésitiez à appeler la police, mais rappelez-vous que ce n'est pas à cause de vous que les choses en arrivent là, mais à cause des choix et des actes de votre proche. En demandant de l'aide, vous prenez des précautions raisonnables et vous agissez sagement. Si vous vous inquiétez pour votre sécurité ou pour celle des autres, vous devez agir afin de vous protéger en dénonçant cette situation le plus rapidement possible.

Comment déterminer la gravité des problèmes de mon proche ?

Lorsque vous aurez pris connaissance des informations présentées jusqu'ici et que vous vous serez interrogé sur votre propre situation, vous vous demanderez peut-être ce que vous devez faire à partir de là. Ce que vous avez lu sur les différents états psychologiques et comportements peut se rapporter en partie à votre situation. Peut-être que certains de ces renseignements ont éveillé des idées ou ont soulevé des problèmes auxquels vous n'aviez jamais pensé.

L'exercice que nous vous proposons maintenant vous aidera à mieux évaluer l'intensité des problèmes de votre proche. Il vous sera particulièrement utile si vous éprouvez de la difficulté à en déterminer l'importance réelle et également si votre entourage vous reproche de réagir de façon excessive ou, au contraire, d'être trop passif. Dans tous les cas, cette échelle de valeurs vous permettra de déterminer si vos impressions sont justifiées, et elle vous aidera à gérer votre situation avec une plus grande efficacité.

Vous pouvez également demander à votre conjoint ou conjointe, ou à une autre personne appropriée (à l'exception de la personne concernée), de faire cet exercice avec vous. Il pourrait être intéressant que vous en parliez ensemble, que vous compariez vos résultats et que vous réfléchissiez aux possibilités qui s'offrent à vous pour améliorer la situation. Vous déciderez peut-être de partager la lecture de ce livre avec cette même personne.

Évaluer l'intensité des problèmes de votre proche difficile

Lisez chacun des énoncés suivants en pensant à la personne concernée. Cochez la case qui lui correspond le mieux. Si vous n'êtes pas sûr de la réponse à donner, fiez-vous à votre intuition. Si vous avez plus d'un proche difficile, faites cet exercice séparément pour chacun.

MON PROCHE...	Vrai	Faux
1. Se met souvent en colère		
2. Est souvent déprimé		
3. A souvent un comportement craintif ou anxieux		
4. Utilise les autres ou se laisse manipuler par eux		
5. Intimide les autres ou est facilement intimidé par eux		
6. Se trouve constamment des excuses ou reporte la responsabilité de ses problèmes sur les autres		
7. Ne sait pas dire «non», ou n'accepte pas qu'on lui dise non		
8. Ne tient pas ses promesses		
9. Cherche constamment à être rassuré par les autres		
10. Reproduit constamment les mêmes comportements nuisibles		
11. N'admet pas, ou reconnaît rarement, s'être trompé		

12. Continue à mentir même si on lui a clairement prouvé que l'on connaissait la vérité		
13. Demande aux autres de mentir pour lui rendre service		
14. Rompt toute communication avec certaines personnes pendant plus ou moins longtemps		
15. Se met sur la défensive lorsque des gens parlent de ce qu'il a fait		
16. Souffre d'un handicap physique ou mental qui l'empêche d'être totalement indépendant		
17. Boit avec excès, consomme des drogues illicites ou abuse de médicaments prescrits sous ordonnance		
18. Ne respecte pas les directives de son médecin relativement à son traitement		
19. Dépense son argent de façon inconsidérée ou égoïste		
20. Se retrouve dans des relations amoureuses malsaines ou change fréquemment de partenaire amoureux		
21. A des enfants qui deviennent insupportables en sa présence		
22. A une maison particulièrement désordonnée, ou au contraire excessivement propre et bien rangée		
23. A été licencié de plus d'un emploi		

24. A menacé de se suicider ou a attenté à ses jours		
25. A menacé, ou a tenté, de s'en prendre physiquement à quelqu'un		
26. A purgé une peine de prison		

Totaux

Inscrivez le nombre total de cases «Vrai» cochées _____. Ce résultat est le nombre de points que vous avez obtenus.

Score

Le score le plus bas est 0, et le plus élevé est 26. Lisez les explications suivantes pour vous faire une meilleure idée de l'intensité des problèmes de votre proche. Gardez à l'esprit qu'il ne s'agit que d'indications.

0 À 3 POINTS = FAIBLE. Votre proche a peut-être des problèmes, mais il «fonctionne» assez bien, et son entourage le perçoit habituellement comme quelqu'un qui va bien. S'il s'agit d'un jeune adulte, certaines des difficultés qui le caractérisent peuvent être reliées à son âge. Il est possible qu'il soit en phase de transition et qu'il abandonne bientôt ses comportements et attitudes problématiques.

4 À 6 POINTS = MOYEN. Le comportement de votre proche l'empêche parfois de prendre de bonnes décisions, et celles-ci peuvent se répercuter sur sa famille, sur son travail, sur ses résultats scolaires ou sur ses relations. Il est compréhensible que vous vous inquiétiez à son sujet. Sa situation peut s'améliorer s'il accepte de se responsabiliser davantage, de lire des ouvrages appropriés, de discuter de sa situation avec son entourage, etc.

7 à 15 POINTS = ÉLEVÉ. Le comportement de cette personne a de graves répercussions sur sa vie et sur celle de son entourage. Plusieurs aspects de sa vie peuvent en être affectés. Il peut apporter les changements nécessaires à sa vie s'il est déterminé à se faire aider par des groupes d'entraide ou par des professionnels de la santé mentale.

16 à 26 POINTS = TRÈS ÉLEVÉ. Une personne qui se situe dans cette catégorie souffre de problèmes d'une profonde gravité. Ceux-ci se manifestent non seulement avec les membres de la famille proche et les amis, mais également au travail, à l'université et dans d'autres aspects du quotidien. Pour améliorer sa situation, cette personne n'a probablement pas d'autre choix que de se tourner vers une aide professionnelle à long terme.

La prochaine section, et la suite d'*Il est si difficile de t'aimer,* vous aideront à déterminer ce que vous devez faire à partir des résultats obtenus dans cet exercice. Quel que soit le score que vous avez atteint, nous disposons d'outils et de conseils qui vous aideront à prendre des décisions pour la suite.

Évaluer le degré de nuisance

À cette étape, nous pouvons nous pencher sur une méthode qui permet de déterminer dans quelle mesure le comportement de votre proche est nuisible. Cette évaluation se base sur quatre facteurs : 1) La fréquence des comportements problématiques, 2) Leur gravité, 3) Ce qu'en disent les autres, 4) Ce qu'en dit votre intuition. Penchons-nous sur ces facteurs.

Fréquence

Une bonne façon d'évaluer le comportement d'une personne consiste à surveiller la fréquence des incidents problématiques. Les actes qui peuvent être acceptables lorsqu'ils ne surviennent qu'en de rares occasions deviennent intolérables lorsqu'ils se répètent davantage. En fait, la répétition de ces épisodes est un critère qui permet de repérer les personnes difficiles, car celles-ci semblent passer leur temps à reproduire les mêmes erreurs.

Par exemple, il peut être compréhensible – mais pas forcément approprié – qu'une personne hurle de colère à l'occasion. Mais si elle s'emporte de cette façon tous les mois, toutes les semaines ou tous les jours, c'est une tout autre histoire. Se faire licencier de son travail une ou deux fois dans une vie est une expérience qui peut concerner de nombreuses personnes. Mais passer son temps à se faire congédier est la preuve qu'il y a un véritable problème – et il ne s'agit pas de l'employeur ! Boire un peu trop à l'occasion est une chose, mais le faire une fois par jour, par semaine ou par mois devient malsain.

Gravité

La gravité ou l'ampleur des incidents est un élément essentiel. Il nous arrive tous de manquer d'égards pour les autres, mais les blessures profondes sont différentes. Elles s'installent dans notre mémoire, d'où elles nous font encore plus de mal.

Par exemple, si vous dites à un enfant que vous le retrouverez à telle heure et que vous avez quelques minutes de retard, ce petit incident sera probablement oublié dès que vous arriverez et que vous vous excuserez. Par contre, promettre que vous serez là et ne pas venir du tout laisse une blessure. Élever la voix parce que vous êtes en colère peut être sain à l'occasion. Mais crier, hurler et injurier l'autre ne l'est pas. Emprunter cinq dollars et oublier de les rembourser peut présenter un problème, mais en emprunter cinq cents et ne jamais les rendre en est un d'une autre taille – comme vous aurez à le réapprendre chaque fois que vous prêterez de l'argent à cette personne.

Ce qu'en disent les autres

Si vous ne l'avez pas encore fait, parlez à un ami, à un membre de votre famille, à un guide spirituel, à un conseiller ou à une autre personne fiable de la situation que vous traversez avec votre proche difficile. Décrivez la façon dont il se comporte et votre manière de réagir. Les commentaires que vous recevrez seront probablement intéressants. Vous pourriez découvrir des choses auxquelles vous n'aviez pas pensé.

L'opinion d'amis ou de membres de votre famille peut vous aider à distinguer les comportements sains et malsains. Si les personnes auxquelles vous vous fiez vous confient qu'elles décèlent un problème dans votre situation, écoutez-les attentivement, même s'il est gênant et éprouvant d'entendre ce qu'elles ont à vous dire. Demandez-leur sans détour de vous donner leur opinion car, même si elles ont une bonne perception des choses, il est possible qu'elles préfèrent ne rien vous dire si vous ne les y avez pas invitées. Bien sûr, ce sera à vous de déterminer si vous souhaitez suivre leur conseil, mais le simple fait de connaître l'opinion d'autres personnes vous en apprendra beaucoup sur vous-même et sur votre situation.

Vous pourriez trouver gênant de confier vos problèmes à quelqu'un et craindre d'être jugé et critiqué. Pour éviter une réaction désagréable de la part de votre interlocuteur, il est important de bien choisir celui-ci. Tournez-vous vers quelqu'un qui s'est bien comporté avec vous par le passé, qui a une approche positive de la vie et qui vous écoutera avec toute son attention.

Ce qu'en dit votre intuition

Soyez à l'écoute de votre intuition. Fiez-vous à votre petite voix intérieure, parce qu'elle est souvent d'une aide précieuse.

À quoi ressemble une intuition ? Comment savoir si vous devez l'écouter ou pas ? Pour vous mettre sur la voie, disons tout d'abord qu'elle se manifeste par une sensation de calme, quelque part à l'intérieur de vous. Il peut s'agir d'une légère préférence ou, au contraire, d'une sensation très marquée qui va dans un sens ou dans l'autre. Une intuition peut surgir dans votre esprit comme si elle venait de nulle part. Parfois, elle se manifeste par une série de « coïncidences » qui vous surprendront. Bien que ces intuitions et petites voix intérieures soient difficiles à repérer clairement, plus vous vous mettrez à leur écoute, plus vous pourrez les entendre. Avec le temps, vous apprendrez, comme beaucoup de personnes l'ont fait, à vous fier à l'exactitude de leurs messages. Entraînez-vous, et vous finirez par y arriver plus facilement.

L'exercice que nous vous proposons maintenant vous permettra d'évaluer dans quelle mesure les comportements de votre proche sont nuisibles, en vous servant des quatre facteurs mentionnés précédemment. Lorsque vous travaillerez sur cet exercice (ou sur tout autre exercice), il est possible que vous fassiez l'expérience de symptômes qui ne semblent pas directement reliés au tableau que vous êtes en train de remplir ou aux notes que vous prenez. Par exemple, vous pourriez ressentir une tension inhabituelle dans le dos ou au niveau de la mâchoire, avoir du mal à respirer, être empli de tristesse ou avoir l'esprit encombré par toutes sortes de pensées qui vous gênent dans votre travail. Il s'agit de réactions normales au stress. Il existe des moyens de bien gérer ces réactions :

❖ Dites-vous que vous vous occuperez de ces pensées et sentiments intrusifs plus tard (et n'oubliez pas de le faire).

❖ Arrêtez-vous un instant pour vous étirer, boire un verre d'eau, vous faire cajoler, etc.

❖ Jetez rapidement vos pensées sur une feuille de papier pour y revenir plus tard.

Le fait est que, même s'il est normal que toutes sortes de sentiments et de pensées (comme la liste de courses ou les personnes que vous devez appeler ce soir) surgissent au « mauvais » moment, il est préférable de ne pas leur accorder trop d'attention lorsque vous travaillez sur autre chose. Mettez ces pensées de côté et revenez-y quand vous aurez terminé votre tâche en cours.

Une fois de plus, si vous souhaitez effectuer cet exercice pour plus d'une personne, faites-le séparément pour chacune. Servez-vous de votre journal pour avoir d'autres idées de comportement à évaluer ou pour noter les pensées et sentiments qui pourraient surgir au cours de l'exercice. Des exemples vous sont proposés tout au long de l'exercice.

Évaluer le comportement de votre proche difficile

Pour commencer, notez ce que vous considérez comme les trois comportements les plus problématiques de votre proche difficile. Soyez précis pour faciliter l'évaluation. Par exemple, au lieu d'écrire « Elle m'ignore, elle ignore les autres et elle n'arrête pas de jeter des choses par terre », séparez les problèmes pour les traiter individuellement. Écrivez plutôt : « Elle m'ignore » et « Elle abîme ou casse ses affaires et celles des autres. »

Vous allez maintenant travailler avec les trois comportements que vous avez choisis.

Fréquence

Le comportement de nos proches difficiles ne suit pas toujours le même modèle. Il est possible qu'une personne ne soit déprimée qu'en hiver, ou qu'une autre agisse de façon inégale avec son conjoint ou sa conjointe pendant des années. Même si le comportement de votre proche ne suit pas de modèle particulier, vous pouvez utiliser le tableau ci-dessous pour décrire à quelle fréquence il manifeste les trois que vous avez choisis. Inscrivez-les dans la première colonne, puis cochez la case qui correspond le mieux à votre proche.

Les trois comportements de votre proche	Quelques fois par année	Quelques fois par mois	Quelques fois par semaine	Quelques fois par jour
Ex.: Elle m'ignore		✓		
1.				
2.				
3.				

Gravité

Décider de la gravité d'une chose relève d'un jugement personnel qui sera différent d'une personne à l'autre. Il est néanmoins important de le faire. Posez-vous des questions permettant de la « mesurer », comme : « Lorsqu'elle donne son opinion, le fait-elle avec calme ou hurle-t-elle ? » ou « Lui arrive-t-il occasionnellement de jouer de l'argent ou a-t-il pour habitude d'utiliser l'argent de son loyer pour jouer ? » ou « Discute-t-il avec des femmes sur Internet ou "ramasse-t-il" des inconnues dans des bars ? » Pour chacun des comportements que vous avez choisis, cochez la case qui vous semble correspondre le mieux à sa gravité. Ensuite, notez la raison pour laquelle vous l'avez fait.

Les trois comportements de votre proche	Léger	Modéré	Élevé
Ex.: Elle m'ignore.		✓	

J'ai coché «modéré» parce qu'il arrive que Julia m'ignore pendant deux ou trois jours, mais cela ne dure jamais plus longtemps (comme c'est le cas avec la tante de Ben). Elle peut passer des semaines sans parler à personne. Je n'aime vraiment pas ces moments où Julia m'ignore, mais je sais que cela pourrait être bien pire. Cela dit, j'aimerais qu'elle arrête de se comporter de cette façon.

1.			
2.			
3.			

Ce qu'en disent les autres

Notez dans votre journal ce que votre entourage pense des trois comportements choisis. Peu importe qu'ils aient fait une remarque à ce sujet il y a longtemps ou que vous leur posiez la question dans le cadre de cet exercice, notez tout ce qu'ils ont pu dire au sujet de ces comportements. Gardez à l'esprit que vous n'avez pas à être en accord avec eux. Contentez-vous de les écouter et de prendre des notes.

Ce qu'en dit votre intuition

Commencez par écrire tout ce que ces trois comportements vous inspirent. Que vous dit votre intuition à leur sujet ? Prenez votre temps. Retournez dans le passé, et notez les sentiments, les pensées et les sensations associées à ces comportements.

Lorsque vous avez fini, relisez cette partie, intitulée *Évaluez le degré de nuisance*, ainsi que vos réponses aux tableaux et les notes prises dans votre journal. Écrivez ensuite tout ce qui vous vient à l'esprit à propos de vous-même, de votre proche difficile et de votre opinion générale sur le degré de nuisance de ses comportements. Le travail que vous effectuez maintenant vous aidera pour la suite.

Évaluer vos sentiments à propos de la relation

C'est maintenant un bon moment pour rassembler les pensées, idées, questions et sentiments qui ont surgi tout au long de ce chapitre. Inscrivez dans votre journal ce qui vous vient à l'esprit concernant le comportement de votre proche et les autres traits psychologiques auxquels vous avez pensé à son sujet. Observez la façon dont vous réagissez à ce chapitre. Pour commencer, répondez aux questions suivantes :

❖ À quelle fréquence mon proche manifeste-t-il des comportements problématiques ?

❖ Lesquels de ses comportements sont les plus nuisibles ? À qui nuisent-ils ?

❖ Lesquels de ses comportements me causent le plus de souffrance ?

❖ Depuis combien de temps se comporte-t-il ainsi ?

❖ Le regard que je porte sur mon proche a-t-il changé depuis le début de ce chapitre ? Le cas échéant, qu'est-ce qui justifie ce changement ?

❖ La lecture de ce chapitre a-t-elle changé quelque chose au regard que je porte sur moi-même ? Le cas échéant, qu'est-ce qui justifie ce changement ?

Gardez à l'esprit qu'il n'y a pas de bonnes ou de mauvaises réponses. Ce que vous écrivez dans votre journal est votre point de vue, et pas ce que quelqu'un d'autre pense ou voudrait que vous pensiez (nous, par exemple !).

Que faire à partir de là ?

Parce que vous commencez à porter un regard plus lucide sur votre proche, vous avez entamé le processus d'amélioration de votre situation. À mesure que vous progresserez dans la lecture de ce livre, vous continuerez à découvrir des idées et à apprendre des techniques qui vous permettront d'avoir une meilleure compréhension de votre proche et de vous-même. Vous apprendrez à :

❖ gérer les émotions qui vous submergent ;

❖ communiquer plus efficacement ;

❖ fixer vos limites, négocier de meilleures interactions et créer des contrats ;

❖ prendre des décisions efficaces et bienveillantes.

C'est vous qui contrôlez votre vie

Bien que votre proche puisse ne pas changer, *vous* pouvez changer. Vous n'avez pas à être la victime ou le chaperon de qui que ce soit, peu importe vos sentiments pour cette personne. Vous n'avez pas à dépendre de ses excès, de ses limitations, de son agressivité ou de son apathie. Vous pouvez mener une vie remplie d'amour en bénéficiant d'une plus grande sérénité, intégrité et intimité émotionnelle que vous ne l'avez jamais imaginé. Et vous disposez actuellement de toutes les ressources dont vous avez besoin. Dans les chapitres suivants, nous vous aiderons à les trouver et à bien les utiliser. Rappelez-vous que c'est vous qui dirigez votre vie.

CHAPITRE 2

Qu'est-ce qui ne va pas chez moi ?

Comme les nombreuses personnes qui ont dans leur entourage un proche difficile, Karen avait fait son possible pour comprendre et aider son mari. Au fil des ans, Martin était devenu de plus en plus renfermé et léthargique. Peu importe ce que faisait son mari, Karen avait la sensation qu'ils s'éloignaient l'un de l'autre. Elle était déterminée à rester avec lui, mais son attitude commençait à la miner et à déteindre sur leur mariage. Il était de plus en plus difficile pour Karen d'arriver à se sentir bien, et elle finissait par en vouloir à Martin pour le mal qu'il faisait à leur vie de famille. En fait, il semblait même que leur vie de famille devenait inexistante.

Un soir, alors que Karen revenait du travail par la « route touristique », comme Martin se plaisait à l'appeler par le passé, elle se mit à penser à toutes leurs années de bonheur et de complicité. Mais des souvenirs plus récents surgirent dans son esprit : sa froideur, ses colères injustifiées et, pire, son indifférence totale. Plus de discussions, plus de plaisir, quasiment plus de sexe. Elle avait la sensation de devoir le supplier pour qu'il l'accompagne quelque part. Cette situation était très éprouvante pour Karen, et elle avait pratiquement perdu tout espoir de retrouver le mari et la vie heureuse qu'elle avait avant.

Sa maison se dessina à l'horizon, la rapprochant de l'allée et de la porte d'entrée qu'elle s'était mise à redouter. Karen n'en revenait pas de ressentir une telle chose et elle se demanda : « Quand ai-je commencé à détester rentrer à la maison ? » Elle réussit à se composer un sourire juste avant d'ouvrir la porte, mais le silence de mort qui l'accueillit de l'autre côté lui révéla que rien n'avait changé par rapport aux jours précédents. Martin était probablement à l'étage, collé devant son ordinateur, comme d'habitude – aussi froid et morose qu'à l'accoutumée.

Elle avait envie de pleurer, de hurler et de se précipiter vers la sortie mais, surtout, elle était envahie par une colère profonde : « Je ne peux pas continuer comme ça ! Il doit y avoir un meilleur moyen. » Karen fit demi-tour et repartit en voiture pour se rendre chez son amie Sasha. Celle-ci s'évertuait depuis plusieurs mois à faire comprendre à Karen qu'elle n'était pas obligée de tout gérer seule. Des tas de possibilités s'offraient à elle pour l'aider à vivre – et pas seulement à survivre – en compagnie de Martin. Il était peut-être temps pour elle de s'y pencher.

Karen avait fait le maximum pour améliorer sa situation avec Martin. Elle s'efforçait de mener la vie à laquelle elle aspirait, mais ses efforts n'aboutissaient à rien. Martin ne changeait rien à son comportement, et Karen continuait à courir après lui pour essayer d'arranger les choses – ce qui ne faisait que décupler sa colère. Elle ne savait plus quoi penser et cette situation la rendait malheureuse.

Il est certain que la distance que Martin avait prise par rapport à elle avait eu des répercussions négatives sur leur relation. Mais la vérité la plus surprenante et la plus gênante est que les efforts permanents de Karen pour régler le problème avaient également porté atteinte à leur mariage. Au départ, elle avait pensé que, si elle l'entourait d'amour et faisait preuve de patience, son mari finirait par sortir de son état d'enfermement. Mais lorsqu'elle a compris que les choses ne se passeraient pas ainsi, elle a tout essayé pour l'inciter à changer. Elle lui a suggéré d'aller voir un conseiller, de suivre une formation pour changer de carrière, d'entreprendre de nouvelles activités et d'en reprendre d'anciennes. Elle a commencé à assumer plus de responsabilités à la maison, et à faire des heures supplémentaires au travail. Sa vie sociale est devenue quasiment inexistante, parce qu'elle était trop fatiguée et préoccupée pour sortir avec des amis.

Au fil du temps, Karen a accumulé le découragement et la rancune, mais elle se sentait coupable d'avoir de telles pensées, et elle a rejeté ces sentiments en se disant : « Sois patiente, tiens bon. Contente-toi de l'aimer, et il finira par redevenir comme avant.»

Mais rien de tout ce qu'elle faisait ne fonctionnait, parce qu'elle dirigeait toute l'énergie du changement vers la mauvaise personne. Son amie Sasha l'a aidée à prendre conscience qu'elle ne pourrait pas changer Martin – elle avait essayé de toutes ses forces, en vain. Elle a mis Karen sur la bonne voie en lui permettant de comprendre que la seule personne qu'elle pouvait changer était elle-même. Les problèmes de Martin appartenaient à Martin. Ceux de Karen, à Karen.

L'objectif de ce chapitre est le suivant : vous aider à analyser et à comprendre ce que *vous* vivez au sein de votre relation avec votre proche difficile. En avançant dans votre lecture, vous devrez prendre le temps de vous arrêter lorsque vous en ressentirez le besoin, car vous allez maintenant pénétrer sur un terrain plus glissant.

Prendre une nouvelle direction

Lorsque vous vous en faites pour une personne, il est naturel de vouloir l'aider, de même qu'il est naturel de vouloir éviter les conflits et les souffrances. Mais ce qui se produit souvent dans les relations difficiles, c'est que les personnes concernées ont du mal à comprendre ce qui se passe réellement, au-delà des apparences. Elles voient ce que les autres font et disent, mais elles ne comprennent pas d'où viennent ces comportements et ces paroles. Et elles se sentent tout aussi troublées par leurs propres comportements et propos, puisqu'elles ne comprennent pas pourquoi les choses en sont arrivées là.

Si vous êtes dans cette situation, vous avez peut-être la sensation que vos pensées et sentiments tourbillonnent à l'intérieur de vous, telle une tempête qui menace de se déclencher et de tout balayer sur son passage. Ou encore l'impression d'être « mort » à l'intérieur, et d'être trop assommé et fatigué de toute cette histoire pour y attacher de l'importance. Il est possible que vous ayez des pensées dont vous vous sentez coupable, parce que vous êtes quelqu'un de bien et que vous tenez à votre proche. Peut-être vous arrive-t-il de dire et de faire des choses que vous regrettez par la suite. Ou peut-être que vous ne faites rien du tout.

Tout cela est tellement décourageant et tellement confus !

Si, comme Karen, vous avez tout essayé pour aider votre proche, il y a des chances pour que vous vous sentiez en colère et découragé. Vous pensez peut-être que vous pouvez l'aider en faisant un peu moins de ceci et un peu plus de cela. Le fait est que votre proche n'est pas prêt à changer sa façon d'être, et il n'y a absolument rien que vous puissiez faire pour l'y forcer. Mais ne pensez pas pour autant qu'il s'agit de la fin de votre histoire puisqu'elle ne fait que commencer.

Sasha avait raison de dire à Karen qu'il ne fallait pas chercher les solutions à nos problèmes chez l'autre, dans le comportement de celui-ci ou dans notre façon de le faire changer. Les solutions sont en vous. Les efforts que vous avez déployés pour aider votre proche peuvent être compréhensibles et même héroïques, mais s'ils n'ont pas permis d'améliorer sa vie (et la vôtre), il est peut-être temps de passer à autre chose.

Cette « autre chose » dont nous parlons ici est une approche que nous appelons le « lâcher prise ». Il n'est pas question de vous désintéresser de votre proche ou de le faire sortir de votre vie (bien que vous puissiez en décider ainsi en désespoir de cause). Il n'est pas question non plus de vous convaincre que son comportement n'a pas d'importance. Voici plutôt ce que «lâcher prise» signifie:

1. Vous pouvez accepter une personne difficile sans accepter son comportement nuisible.

2. Prendre soin de vous est un acte de bienveillance qui profite également aux autres.

Dans ce chapitre, vous allez commencer par analyser tout ce que vous avez déjà mis en route pour essayer d'arranger la situation avec votre proche, vous vous interrogerez sur ce qui peut expliquer que la situation en soit arrivée là et vous réfléchirez sur les sentiments et les pensées que cette situation vous inspire. Avant de pouvoir l'améliorer, vous devez mettre au clair ce qui existe déjà.

Vous y apprendrez que vous ne pouvez pas transformer votre proche comme vous le souhaiteriez, mais que *vous* pouvez devenir qui vous voulez. Et vous gagnerez en prime l'assurance qu'en étant vous-même, vous apportez la contribution la plus importante qui soit à n'importe laquelle de vos relations.

Votre comportement: qu'avez-vous déjà essayé?

Si vous voulez comprendre comment les choses sont arrivées au point où elles en sont aujourd'hui, vous devez commencer par «cataloguer» les efforts que vous avez déployés pour améliorer la situation de votre proche difficile. L'exercice qui suit vous aidera à faire la lumière sur votre comportement à l'égard de cette relation complexe. Nous vous proposons une liste de réactions courantes envers un comportement d'un proche difficile. En gardant à l'esprit cette relation, cochez toutes les cases qui correspondent aux comportements que vous avez manifestés au cours de l'année passée. Si vous avez d'autres idées que celles qui figurent dans la liste, notez-les dans votre journal. Évaluer vos comportements par écrit vous permet d'établir une certaine distance avec eux, et celle-ci est essentielle lorsqu'il est question de démêler une situation complexe.

Soyez aussi honnête que possible avec vous-même. Cet exercice entraînera peut-être un certain inconfort, mais c'est un peu la même chose que lorsqu'on s'enlève une épine du pied : c'est un peu douloureux, mais on se sent beaucoup mieux après.

Analysez votre comportement

Cochez les cases qui correspondent aux comportements que vous adoptez avec votre proche difficile	✓
Lui donner gain de cause, rester en dehors de son chemin ou s'adresser à lui sur un ton apaisant pour éviter d'empirer la situation.	
Manger ou dormir excessivement, ou pas suffisamment.	
Le conduire à différents endroits, garder ses enfants, etc., pendant qu'il se crée de nouveaux problèmes.	
Vous excuser de vous être mis en colère ou d'avoir pleuré.	
Supplier, pleurer, crier ou hurler.	
Lui prêter ou lui donner de l'argent, de la nourriture ou d'autres choses.	
Mettre en avant le fait que son comportement est gênant pour lui et pour les autres.	
Essayer d'en appeler au «bon» côté de sa personnalité – le parent responsable, la fille bienveillante, l'employé fiable, le pourvoyeur du foyer.	
Sourire ou rire pour dissimuler vos véritables sentiments.	
Faire certaines choses en espérant qu'il vous en sera reconnaissant et qu'il se comportera mieux avec vous.	
Ne pas le regarder ou ne pas lui parler.	

Vous comporter encore plus mal que lui, en espérant qu'il comprendra le message.	
Vous occuper pour éviter de penser à ce que vous ressentez.	
Vous répéter, ou répéter aux autres, que ce n'est pas si terrible que ça.	
Mentir ou chercher des excuses pour dissimuler son véritable comportement.	
Accepter d'être accusé de choses que vous n'avez pas commises pour protéger quelqu'un d'autre.	
Éviter les personnes et négliger les activités que vous appréciez.	
Être compréhensif sous prétexte qu'il traverse, ou a traversé, une situation difficile.	
Faire des cachotteries.	
Prendre des décisions à sa place ou lui dire quoi faire.	
Menacer de partir.	
Travailler deux fois plus afin de compenser tout ce qu'il ne fait pas.	

Vous a-t-il été difficile de retrouver un peu de vous-même dans cette liste ? Ou en avez-vous été soulagé ? Avez-vous été surpris de cocher certains énoncés en particulier ? Avez-vous appris quelque chose sur vous-même ? Notez vos pensées dans votre journal.

Analyser votre comportement peut vous aider à mieux vous comprendre, comme cela a été le cas pour Taneesha :

Je trouvais toujours une excuse pour justifier le comportement de mon petit ami. Je pensais que tout était ma faute. Peut-être était-ce parce que mes vêtements étaient trop moulants. Ou parce que j'avais regardé un homme alors que j'aurais dû garder la tête baissée. Il avait le droit de sortir mais, moi, non. Si je lui désobéissais, il devenait violent, physiquement ou verbalement. Il lui arrivait de m'appeler vers quatre heures du matin, lorsque le bar qu'il fréquentait fermait, et parfois jusqu'à six heures. J'étais épuisée parce qu'il m'empêchait de dormir. En fait, il était en colère contre moi parce qu'il était fatigué d'avoir trop bu et traîné dehors toute la nuit.

Au bout d'un moment, j'ai compris que tout ça n'était pas normal. Et j'ai compris, grâce à l'aide de conseillers et d'un centre pour femmes, que rien de ce que je pouvais faire ne changerait ce qu'il était. J'ai compris qu'il n'y avait pas de raison qu'on me traite ainsi.

À mesure que vous progresserez dans votre lecture d'*Il est si difficile de t'aimer*, vous apprendrez à modifier vos comportements nuisibles. Mais dans un premier temps, il serait bon d'explorer vos pensées et vos sentiments, parce qu'ils sont à l'origine de vos actes. En portant attention à ce que vous pensez et ressentez, vous comprendrez mieux pourquoi vous agissez de la sorte, et comment vous en êtes arrivés là.

Vos pensées : que se passe-t-il dans votre tête ?

Vous avez commencé à analyser le comportement que vous manifestez avec votre proche, mais celui-ci ne surgit pas de nulle part. Il est une manifestation extérieure de quelque chose de plus profond – vos pensées et sentiments. Il est important de les explorer, de la même façon que vous l'avez fait pour vos comportements. Vos pensées sont puissantes, et vous pouvez apprendre à mieux contrôler votre vie en sachant distinguer les pensées qui vous aident et celles qui vous desservent.

Pour une meilleure prise de conscience de vos pensées, effectuez l'exercice qui suit. Passez en revue la liste des pensées qui reviennent le plus souvent chez les personnes ayant dans leur entourage un proche difficile. Cochez les cases qui correspondent à votre situation. Prenez votre temps. Il ne s'agit pas d'une compétition mais, si c'en était une, le gagnant serait celui qui arrive le dernier !

Analysez vos pensées

Je pense...	✓
1. Il a déjà tellement souffert.	
2. Il refuse de m'écouter quand je lui rappelle quelles sont ses responsabilités.	
3. Il a besoin de mes conseils.	
4. On ne devrait pas être aussi dur avec lui ; ce n'est pas sa faute.	
5. C'est la dernière fois que je fais ça, en espérant que ça va l'aider à se remettre sur le droit chemin.	
6. Ce qui se passe ne regarde personne.	
7. Tout le monde se fiche de ce qui m'arrive.	
8. Je me sens tellement seul.	
9. Personne ne voit à quel point la situation est critique.	
10. S'il tenait vraiment à moi, il n'agirait pas de la sorte.	
11. Qu'est-ce qui ne va pas chez moi ?	
12. Si j'étais un meilleur parent (ou conjoint[e], frère, sœur, etc.), il ne ferait pas ce genre de chose.	
13. Qu'est-ce qui me fait penser que je peux y arriver ? Mon expérience m'a prouvé le contraire jusqu'à présent.	
14. Tout est de ma faute, parce que je suis vraiment stupide (ou moche, ou bon à rien, etc.).	

15. Il y a quelqu'un qui m'en voudra énormément si je baisse les bras.	
16. Je vais essayer de mener ma vie du mieux que je peux.	
17. Ce serait tellement bien s'il acceptait de parler à un conseiller ou à quelqu'un d'autre.	
18. Le prêtre/pasteur aurait peut-être des suggestions à me faire.	
19. Il serait bien plus heureux s'il arrêtait de vivre ainsi. J'espère qu'il va bientôt s'en rendre compte.	
20. Il fait tellement de choses stupides ; je suis soulagé qu'il ne vive plus avec nous.	

Chacun de ces énoncés représente une approche souvent adoptée par les personnes qui font face à un proche difficile. Lisez les explications suivantes pour mieux comprendre ce que vos pensées vous révèlent sur la façon dont vous abordez votre relation avec votre proche difficile.

Les énoncés 1 à 5 indiquent que vous considérez de votre responsabilité de prendre soin de votre proche et de régler ses problèmes. Dans le domaine de la psychologie, le terme qui décrit bien ce mode de pensée est « enchevêtrement ». Une telle approche empêche l'autre de prendre ses propres décisions et de faire les erreurs que celles-ci peuvent impliquer. Les personnes « enchevêtrées » finissent généralement par se sentir coincées et découragées, et il arrive même qu'elles se rendent malades à force de vouloir forcer les choses. En apprenant à lâcher prise, vous serez plus à même d'aider votre proche et de porter votre propre fardeau.

Les énoncés 6 à 10 indiquent que vous vous sentez seul à cause de votre situation. En demandant de l'aide, vous obtiendrez le soutien dont vous avez grandement besoin. Nos souffrances peuvent être allégées lorsqu'on les partage avec une personne de confiance.

Les énoncés 11 à 15 indiquent que vous pensez avoir vous-même un problème. Ce mode de pensée, tout simplement erroné, vous épuise. Savez-vous que Dieu n'a pas créé de « ratés » ? C'est vrai pour vous au même titre qu'elle ça l'est pour les autres. En outre, être incapable de régler les problèmes des autres n'est pas une tare, mais plutôt une réalité incontournable. Car personne n'a le pouvoir de le faire à l'exception de la personne concernée.

Les énoncés 16 à 20 indiquent que vous êtes conscient de l'existence d'un problème, et que vous voyez que ni vous ni votre proche n'êtes « anormaux ». Même si votre situation peut être exaspérante et décourageante, vous avez compris que les actes d'une personne ne révèlent pas forcément ce qu'elle est à l'intérieur. Vous parvenez à vous dissocier des problèmes de votre proche, au moins dans une certaine mesure. Cette approche de la situation est une composante essentielle du processus de lâcher prise.

En mettant en lumière vos schémas de pensée, vous comprendrez mieux comment vous en êtes arrivé là où vous en êtes. Ainsi, vous pourrez commencer à changer ce qui vous gêne chez vous.

Vos émotions : que se passe-t-il dans votre cœur?

Les épreuves font naître des émotions. C'est un processus naturel, et c'est ainsi que nous sommes faits. Vous pouvez envisager les émotions comme un avertissement qui vous invite à agir sur la situation.

Les émotions sont le carburant de vos actes et de vos pensées, et elles peuvent se manifester de différentes façons. Parfois, nous sommes victimes d'une sorte d'explosion de sentiments qui provoquent des pensées et comportements n'ayant rien de positif. À d'autres moments, nos émotions semblent se fondre dans une sorte de brouillard et deviennent invisibles, à tel point que nous commençons seulement à les remarquer lorsque des larmes se mettent à couler sur nos joues ou que nos poings serrés commencent à nous faire mal.

Il est parfois difficile de savoir ce que l'on ressent lorsque tant de choses se passent dans notre vie. Et que se produit-il quand on se retrouve vis-à-vis en permanence les mêmes situations, comme c'est probablement le cas avec votre proche? Souvent, les gens finissent par ne plus remarquer, ou même ressentir, leurs propres sentiments. Cette partie de leur être devient une zone froide et désertique qui leur semble morte ou engourdie. Cette absence de ressenti est une réaction courante à une surcharge émotionnelle.

Quoi qu'il en soit, même si vous avez appris à refouler ou à ignorer votre colère, votre tristesse, votre déception et tous les autres sentiments pénibles, ils continuent à vivre en vous. Lorsque des sentiments ne sont pas validés ou exprimés, ils passent en «souterrain» et se transforment en maladies et autres problèmes. Pour cette raison, il est important d'apprendre à les connaître. Ils ne sont pas vos ennemis; leur fonction est de vous aider à voir ce qui se passe autour de vous et à en faire l'expérience, afin que vous puissiez prendre de meilleures décisions, profiter de la vie et être en contact avec le monde qui vous entoure. Dans le texte ci-dessous, Georges nous raconte comment il s'est lancé dans l'exploration de ses sentiments.

J'essayais de déterminer comment je devais m'y prendre pour continuer à vivre avec ma femme sans devenir fou. Un de mes amis n'arrêtait pas de me conseiller de demander de l'aide, alors j'ai fini par l'écouter. J'ai commencé par me joindre à un groupe de soutien. Au premier abord, je trouvais ça bizarre mais, en même temps, ça me faisait du bien. Ces gens comprenaient de quoi je parlais! Lorsque je me suis senti plus à l'aise, je leur ai tout dit de mes problèmes, et ils m'ont écouté. Ça faisait vraiment du bien de pouvoir enfin parler à quelqu'un des comportements de ma femme. Un beau jour, je leur ai parlé d'un autre de nos rendez-vous qu'elle avait «oublié», en leur disant combien je la trouvais égoïste et irresponsable. Un des membres du groupe m'a alors demandé: «Que ressens-tu par rapport à ce que ta femme a fait?» Cette question m'a pris par surprise. Au bout de quelques secondes, je lui ai répondu que je ne savais pas. Et il m'a lancé: «On peut dire que tu en sais beaucoup sur ta femme, mais il est peut-être temps que tu en apprennes plus sur toi-même.» Cette remarque a été le point de départ de ma guérison.

Georges l'a bien compris, il est possible de découvrir ce qui se passe à l'intérieur et à l'extérieur de nous-mêmes. Vous aussi pouvez le faire.

Le tableau qui suit est divisé en trois colonnes décrivant des sentiments. Lisez chacun d'entre eux en essayant de déterminer ce qu'ils éveillent en vous. Cochez les cases qui correspondent aux sentiments que vous ressentez actuellement ou avez ressentis par le passé par rapport à votre proche difficile.

Regrouper vos sentiments, pensées et comportements

Nous avons amorcé cette partie du livre en vous demandant d'analyser vos comportements, puis nous avons continué avec vos pensées, pour terminer avec vos sentiments. Nous avons commencé par le comportement parce qu'il est habituellement plus facile à cerner que les pensées et les sentiments. Mais maintenant que vous avez terminé les trois exercices, vous devez garder à l'esprit que l'être humain fonctionne dans l'autre sens : lorsqu'une chose se produit, nous commençons par ressentir, puis nous pensons et ensuite nous agissons. D'autres sentiments, pensées et actes peuvent venir se greffer rapidement sur les premiers. Être en mesure de saisir et de verbaliser vos comportements, pensées et sentiments vous permettra d'en faire quelque chose de constructif.

Voici un résumé des idées directrices à retenir :

❖ Vos actes, vos pensées et vos sentiments sont naturels et se retrouvent chez de nombreuses personnes. D'autres personnes réagissent souvent comme vous dans la même situation.

❖ Vous avez la capacité d'analyser vos sentiments, vos pensées et votre comportement. De cette façon, vous pouvez vous préparer à apporter les changements nécessaires.

❖ Vous avez la capacité d'assumer tout ce que vous apprenez sur vous-même.

Analysez vos sentiments

Je me sens...	✓	Je me sens...	✓	Je me sens...	✓
apprécié		frustré		nerveux	
bienveillant		furieux		non soutenu	
blessé		gêné		pas aimé	
bon à rien		haineux		patient	
calme		harcelé		perdu	
confus		heureux		pessimiste	
confiant		hors de moi		piégé	
coupable		ignoré		plein d'espoir	
culpabilisé		impatient		prospère	
dans mon droit		important		protecteur	
dépassé		impuissant		provoqué	
déprimé		incompris		rancunier	
désespéré		inquiet		responsable	
détaché		invisible		seul	
drainé		irrité		solidaire	
effrayé		las		sous-estimé	
en colère		lessivé		stupide	
en danger		libre		suicidaire	
en sécurité		mal aimé		surmené	
ennuyé		malheureux		terrifié	
exploité		négligent		triste	

Comme vous l'avez fait pour le tableau *Analysez vos comportements*, posez-vous quelques questions. Êtes-vous surpris d'avoir coché certains sentiments? Avez-vous appris quelque chose sur vous-même? Explorez vos découvertes, questions et réponses dans votre journal ou avec une personne de confiance.

À logique contrariée, amour embrouillé

Nous avons donc identifié et exploré certains de vos comportements, pensées et sentiments. C'est déjà un grand pas vers un changement positif. Examinons maintenant d'un peu plus près vos réactions au comportement de votre proche difficile.

Comme tous ceux qui ont dans leur entourage un proche difficile, vous n'auriez probablement jamais pensé que votre vie prendrait cette tournure. Personne ne prévoit avoir des enfants qui deviendront des victimes ou des manipulateurs à l'âge adulte. Quand une personne épouse l'être aimé, elle ne s'attend pas à ce qu'il devienne plus tard dépressif, vindicatif ou obsessif. Mais qu'arrive-t-il donc à ces personnes?

C'est la vie, tout simplement. Les gens font des choix à chaque instant, en se basant sur ce qu'ils croient à propos d'eux-mêmes, de leur vie et de leurs relations. Leurs choix sont influencés par l'endroit et l'époque où ils vivent, par leurs parents et leur culture, par leur personnalité et leur sexe, par leurs réussites et leurs luttes, par leurs caractéristiques physiques, et ainsi de suite. Toutes ces influences, lorsqu'elles sont combinées à leurs pensées, croyances et sentiments, font parfois un sacré mélange!

Le trouble qui en résulte souvent est une situation dans laquelle un manque de logique entraîne une confusion du sentiment d'amour. Il peut être très difficile de distinguer vos pensées, sentiments et préférences de ceux de votre proche ou de votre entourage. Par exemple, en quoi l'opinion de votre mère relativement aux responsabilités familiales influence-t-elle la vôtre sur ce sujet? Si vous l'aimez (ou la craignez) réellement, il est possible que vous ne sachiez pas comment agir si vous ne partagez pas ses opinions. D'ailleurs, si vous n'êtes pas d'accord avec elle, cela implique-t-il que vous êtes déloyal ou que vous ne l'aimez pas? Peut-être n'avez-vous pas encore établi ce sur quoi vous vous accordez précisément. Et si elle vous critique chaque fois qu'elle vous appelle parce que la façon dont vous menez votre vie ne lui convient pas, vous pouvez finir par ne plus savoir où vous situez. De nombreux facteurs entrent en jeu, au point d'entraîner une confusion et de provoquer l'épuisement. Il existe rarement une réponse claire et précise à ce genre de situation, mais une chose est certaine : il existe un moyen d'y voir plus clair.

Une des solutions à cette confusion consiste à séparer les antécédents familiaux, expériences personnelles, sentiments, pensées et comportements en plusieurs catégories. Commencez par examiner les facteurs qui affectent votre relation avec votre proche difficile.

Les 10 facteurs énumérés ci-dessous contribuent à – ou résultent de – la confusion de sentiments, de pensées et d'attitudes que de nombreuses personnes ressentent à l'égard d'elles-mêmes et de leur proche difficile. Examiner chacun d'eux vous aidera à faire le tri dans vos propres sentiments et pensées. Vous serez ensuite à même de mieux cerner ce qui vous fait réagir afin de dissiper une partie de la confusion qui vous entoure. Ces 10 facteurs sont les suivants :

1. Amour.

2. Peur.

3. Ressentiment et colère.

4. Reproche.

5. Culpabilité.

6. Honte.

7. Usure de compassion.

8. Pensée magique.

9. Obligations et devoirs.

10. Attentes.

Il est possible que certains de ces facteurs ne s'appliquent pas à vous, mais ce sont les plus courants, et ils peuvent vous aider à comprendre pourquoi vous en êtes arrivé là où vous en êtes aujourd'hui. Les renseignements que nous vous fournissons maintenant ne sont pas absolus, parce que ceux-ci sont rares au sein des relations humaines. Toutefois, ils peuvent vous aider à mieux vous connaître, et il s'agit là d'un aspect essentiel de notre croissance.

Amour

En voilà un sujet ! Définir l'amour en une phrase ou deux, ou même en un livre un deux, est tout un défi. Pourtant, vous en faites l'expérience, dans le silence d'un instant, ou dans la caresse légère de votre doigt qui effleure la joue de l'être aimé.

Les êtres humains aspirent à connaître l'amour, ils l'utilisent comme une arme, ils le crient sur les toits et, pourtant, il reste un mystère. Il est la merveille au centre de l'existence humaine. Mais il n'en reste pas moins difficile à comprendre par moments. Alors comment faut-il s'y prendre – en particulier dans les périodes de tourment – pour savoir quoi faire de cet amour ? Est-il suffisant pour que nous ne baissions pas les bras ? Comment s'accommode-t-il de nos devoirs et de nos engagements ? Comment savoir si vous aimez une personne ? L'amour peut-il mourir ?

Il est nécessaire de se poser ces questions, parce que l'amour – et l'idée que vous vous en faites – coexistent avec tous les autres sentiments que vous éprouvez à l'égard de votre proche difficile. Voici une liste d'énoncés portant sur l'amour que l'on porte à une personne. Cochez les cases qui correspondent à ce que vous ressentez à l'égard de votre proche.

_____ Quand nous ne sommes pas ensemble, il me manque et j'ai envie d'être avec lui.

_____ J'aime passer du temps avec lui.

_____ Penser à lui me fait chaud au cœur.

_____ Sa vie m'intéresse.

_____ Je me sens responsable de lui.

_____ Mes convictions religieuses ou morales m'incitent à faire le maximum pour l'aider, peu importe les conséquences.

_____ Je peux compter sur lui pour m'aider si j'en ai besoin.

_____ Je suis reconnaissante qu'il fasse partie de ma vie.

_____ J'admire sa façon de mener sa vie.

_____ Je l'aime simplement parce que nous sommes mariés/de la même famille/amis.

_____ Nous arrivons habituellement à régler nos différends avec honnêteté après une dispute.

_____ Je suis libre de mener ma vie comme je l'entends, et lui aussi.

_____ Je le respecte.

_____ Je suis déterminé à lui prouver à quel point je l'aime.

_____ La plupart du temps, c'est un vrai plaisir d'être avec lui.

_____ Notre relation m'est précieuse parce que nous avons un passé commun.

Avez-vous eu des surprises? Inscrivez dans votre journal tout ce que vous avez remarqué sur l'amour que vous portez à votre proche.

Peur

La peur est à l'origine de toutes les luttes humaines. Elle se manifeste sous des aspects différents et selon diverses intensités. Elle peut prendre le dessus sur votre esprit et vous nouer l'estomac. Le pouvoir qu'elle exerce sur les gens est indéniable, mais il peut en être autrement. Il est possible de l'affronter, de la discipliner et même de la dépasser. Pour y parvenir, nous devons faire le premier pas : celui de la compréhension. Voici quelques-unes des peurs les plus courantes vis-à-vis une situation difficile :

❖ **LA PEUR D'ÊTRE SEUL :** personne d'autre ne voudrait de moi. Je serais incapable de supporter cette solitude.

❖ **LA PEUR DE L'ÉCHEC :** j'ai déjà tout gâché à plusieurs reprises. Et si je me trompais encore ?

❖ **LA PEUR DU JUGEMENT :** que vont-ils penser si je lui dis non ? Cela ne fait-il pas de moi une mauvaise personne si je ne l'aide pas ?

❖ **LA PEUR DE NE PAS S'EN SORTIR FINANCIÈREMENT :** je n'y arriverai jamais avec mon petit salaire. Je n'ai pas envie d'aller habiter dans un endroit plus petit.

❖ **LA PEUR DU CONFLIT :** je ne peux pas faire ça, sinon il va être contrarié. J'espère qu'il est de bonne humeur aujourd'hui.

❖ **LA PEUR DE LA PEUR :** je n'aime pas me sentir comme ça. Ça me fait peur.

Si vous vous retrouvez dans un ou plusieurs de ces énoncés, vous savez probablement quelle emprise ces peurs peuvent avoir sur nous. Le simple fait de lire au sujet de la peur peut être effrayant. C'est tout à fait naturel. Prenez quelques respirations profondes pour amener de l'oxygène vers votre cerveau et pour ralentir les battements de votre cœur. Gardez à l'esprit que la peur est un sentiment ; elle ne doit pas vous empêcher d'agir. Tout au long de ce livre, vous apprendrez à mieux maîtriser vos sentiments – et même la peur de la peur.

Le ressentiment et la colère

La plupart des gens connaissent la colère, et certains savent reconnaître le ressentiment. Ce dernier est en quelque sorte le père de la colère, puisqu'il apparaît en premier et lui prépare le terrain. Il est parfois difficile de reconnaître le ressentiment. C'est une sorte de petit monstre, tapi dans l'obscurité, qui vous observe du coin de l'œil et rassemble des forces à votre insu, jusqu'à ce qu'il soit prêt à «accoucher» de la colère.

La voix du ressentiment dit: «Comment a-t-il pu me faire ça?» ou «Je ne devrais pas avoir à supporter ça.» Le ressentiment justifie sa propre existence, et il s'accroche férocement à toutes les offenses qu'il pense avoir remarquées.

Le ressentiment et la colère ne sont pas des sentiments très reluisants, mais ils semblent être une réaction courante lorsqu'une personne nous fait du tort ou que nous en avons l'impression. Cependant, le fait qu'ils soient courants ne signifie pas que vous devez vous laisser aller à ces sentiments ou les entretenir. Utilisez-les plutôt comme vous le feriez avec n'importe quelle autre émotion: pour comprendre ce qui se passe en vous et autour de vous. Servez-vous de l'énergie qui les habite pour apporter les changements nécessaires à votre vie – en vous assurant de ne porter atteinte ni à vous-même ni à quelqu'un d'autre. Apprenez à vous débarrasser de votre ressentiment et de votre colère avant qu'ils vous empoisonnent et nuisent à votre entourage.

Le reproche

Le ressentiment a un autre descendant, qui s'appelle le reproche. Ce «rejeton» peut avoir une apparence tout aussi déplaisante que son père – une créature aux lèvres pincées et au doigt accusateur, toujours prête à attribuer des fautes. Le reproche est persuadé que tous les problèmes et toutes les solutions viennent de l'extérieur. Il cherche un bouc émissaire, parce qu'il n'est pas toujours facile d'assumer ses propres responsabilités. Le problème avec le reproche, c'est qu'il vous emprisonne, en vous empêchant de voir que les solutions sont à votre portée. Dès qu'il arrête de pointer son doigt accusateur, ce dernier reprend sa place au sein d'une main qui peut être très utile pour réaliser des choses positives.

La culpabilité

Voici encore une émotion complexe. La culpabilité se fonde sur la conviction que vous avez fait quelque chose de mal. Supposons que Suzanne a dit à Maria qu'elle irait à sa cérémonie de remise de diplôme samedi prochain. Vendredi, en fin d'après-midi, Suzanne apprend qu'elle a l'occasion de suivre une formation facultative qui l'intéresse depuis longtemps. Elle appelle Maria de son lieu de travail et lui apprend qu'elle « est obligée d'y aller pour son travail ». Son amie est très déçue, mais elle fait preuve de compréhension puisqu'elle pense que le patron de Suzanne l'oblige à suivre cette formation. Plus tard, Suzanne s'en veut d'avoir agi de la sorte. Elle est responsable de ce mensonge, ce qui la rend coupable. Elle prend conscience de s'être mal comportée.

Si on ne s'y attaque pas directement, la culpabilité finit par nous ronger et par devenir un fardeau. Il est important, à un moment ou à un autre, de vous pardonner et d'aller de l'avant. D'accord, vous avez fait une erreur. Assumez-en la responsabilité, faites ce que vous pouvez pour vous rattraper et continuez votre chemin. Apprenez à ne pas reproduire les mêmes erreurs. Lâchez prise sur votre culpabilité.

Suzanne aurait pu porter le poids de sa culpabilité pendant longtemps, mais elle ne l'a pas fait, car elle a compris les conséquences que son mensonge aurait pu avoir sur sa relation avec Maria, et elle a pris son courage à deux mains pour lui avouer la vérité. Après cette expérience, elle a décidé de ne jamais recommencer. En outre, après avoir affronté ce mensonge en face, elle n'a plus accepté d'écouter ses pensées culpabilisantes. Elle a tiré la leçon de son erreur et elle a continué son chemin en se débarrassant de sa culpabilité.

Il arrive parfois qu'une personne cherche à en culpabiliser une autre. En agissant ainsi, elle tente d'esquiver ses propres responsabilités. Mais personne ne peut vous forcer à ressentir quoi que ce soit. Regardez la situation de près et déterminez si vous avez fait quelque chose qui vous semble mal. Si c'est le cas, prenez la situation en main. Si ce n'est pas le cas, ne vous laissez pas influencer par les opinions qu'émettent les autres sur ce que vous devez ou ne devez pas faire.

La honte

La honte est une émotion négative toxique. On la confond souvent avec la culpabilité, et elle peut se présenter sous deux formes différentes – celles-ci ayant comme point commun de vous dépouiller de votre énergie.

La honte se présente d'abord sous la forme de la conviction que vous ne valez rien, ou presque, en raison d'une chose que vous avez faite. Ce type de honte résulte souvent de sentiments de culpabilité non résolus (pour un acte que vous avez réellement commis et que vous regrettez). Suzanne, dont nous avons fait la connaissance dans l'exemple précédent, aurait pu ressentir de la honte si elle n'avait pas affronté son mensonge ou si elle avait continué à se faire des reproches pour ce qu'elle a fait à Maria.

Imaginons que son entourage ne fasse plus confiance à Suzanne et qu'elle commence à croire qu'elle mérite un tel traitement. Elle finirait par perdre confiance en elle et par avoir une très mauvaise opinion d'elle-même. Sa honte pourrait avoir des effets toxiques dont elle aurait du mal à se débarrasser. Il y a de fortes chances pour qu'elle développe une tendance à faire les mauvais choix et qu'elle recherche inconsciemment la présence de personnes lui donnant raison d'avoir honte. Et elle les trouverait certainement.

La deuxième forme de honte consiste à croire que vous êtes vous-même un problème – une personne répugnante et pleine de défauts. Ce type de honte se manifeste chez les personnes qui ont été maltraitées ou humiliées. Par exemple, une victime d'agression sexuelle manifestera ce genre de honte, car elle aura tendance à penser qu'elle aurait pu arrêter son agresseur, mais qu'elle était trop stupide, faible, lâche ou nulle pour le faire. Parce qu'il reste encore de nombreuses zones d'ombre autour des agressions sexuelles et autres formes d'humiliation, ce type de croyance est très répandu. Or, celles-ci sont erronées, et elles portent atteinte à la confiance en soi de nombreuses personnes.

Si vous ressentez de la honte, nous vous encourageons à en parler avec une personne fiable. Vous pouvez vous en libérer, même si elle vous relie à un proche difficile. Beaucoup de personnes y sont parvenues. Vous pourrez ensuite prendre une décision éclairée sur votre relation avec votre proche.

L'usure de la compassion

La compassion est une émotion merveilleuse que l'on ressent lorsqu'on souhaite aider une personne en proie à certaines difficultés et souffrances. Elle est à l'origine de très belles actions. À l'inverse, l'usure de la compassion est un état d'indifférence qui résulte d'une accumulation de déceptions et de frustrations.

Par exemple, si votre sœur Alice vous appelle pour vous dire qu'elle a été licenciée, vous ressentirez probablement de la tristesse, de la surprise, de l'inquiétude, etc., et vous lui proposerez certainement de l'aider. Il s'agit de réactions de compassion naturelles. Supposons maintenant que vous venez d'apprendre, par l'intermédiaire d'une amie, qu'Alice a encore été licenciée – pour la cinquième fois. (Elle ne vous appelle plus pour vous annoncer la nouvelle.) Vous allez faire l'expérience d'une variété de pensées et de sentiments, mais ils seront probablement très différents de ceux déclenchés par la nouvelle de son premier licenciement. Parce que cette situation s'est répétée plusieurs fois, vous commencez à en avoir assez. Même s'il est possible que vous ressentiez encore de l'inquiétude à son égard, vous serez également frustrée et vous vous demanderez comment elle a pu en arriver là. Et vous n'aurez certainement plus envie d'entendre les excuses de « patron stupide » et de « travail minable » qu'elle invoquera pour justifier sa situation.

C'est à cela que ressemble l'usure de la compassion. Elle survient lorsqu'une accumulation de déceptions et de frustrations vous plonge dans une profonde lassitude. Au bout d'un moment, il devient difficile de se sentir concerné par les problèmes de son proche.

La pensée magique

La pensée magique est un autre aspect de la confusion que l'on peut ressentir à l'égard de notre proche difficile. Il s'agit d'une approche de la vie qui prend souvent naissance au cours de l'enfance et qui repose sur la croyance que notre bonne étoile, ou quelqu'un de plus fort, intelligent ou courageux que nous, nous aidera à régler nos problèmes. « Je vais peut-être gagner au loto, et tous mes problèmes disparaîtront » ou « Henri s'en occupera ; je ne suis pas fort pour ces choses-là. »

La pensée magique se retrouve dans plusieurs contes d'enfants :

❖ Suivez la route de briques jaunes…

❖ … ils vécurent heureux et eurent beaucoup d'enfants.

❖ Il était une fois…

Le problème, ce n'est pas que les gens aient entretenu ce genre d'idéaux pendant leur enfance ou qu'ils y croient encore à l'âge adulte, mais plutôt que de nombreux individus attendent que leurs problèmes soient réglés par une personne ou un événement extérieur. De telles pensées les empêchent de prendre conscience de leur propre capacité à agir.

Si vous donnez un autre nom à la pensée magique – l'espoir par exemple –, vous pourrez conserver un peu de sa magie ou de son étincelle, tout en adoptant un état d'esprit plus réaliste à propos de vous-même et de votre vie. Vous pouvez retirer de la force de cet espoir si vous faites ce qui doit être fait et si vous acceptez votre situation pour ce qu'elle est – et non pour ce que vous souhaiteriez qu'elle soit.

> **Inventaire de la pensée magique**
>
> Choisissez celui des trois énoncés de pensée magique qui vous inspire le plus. Réfléchissez à l'idée qu'il véhicule et notez sur une feuille en quoi celle-ci a façonné votre vie d'adulte. Demandez-vous si la croyance qui en découle vous est utile ou non dans la relation que vous entretenez avec votre proche difficile.

Les obligations et les devoirs

Les idées que vous vous faites sur vos obligations et sur vos devoirs vous viennent de la société, de l'époque et de la culture dans laquelle vous évoluez. Ces deux notions occupent une place importante dans n'importe quelle société, puisqu'elles permettent de conserver une certaine prévisibilité et qu'elles aident les gens à mieux définir leur rôle. Les devoirs et les règles entraînent l'ordre plus que le chaos.

Cependant, le fait que nos obligations soient généralement établies par l'extérieur peut également poser un problème. La confusion a tendance à s'installer lorsqu'on ne comprend pas bien quelles sont nos obligations et d'où elles viennent. Dans le cadre de cet ouvrage, il n'est pas vraiment important de savoir d'où provient votre sentiment d'obligation (bien qu'il soit intéressant de creuser un peu la question), car ce qui compte réellement est que vous commenciez à déterminer quelles sont vos convictions en matière d'obligations et de devoirs. À partir de là, vous pourrez décider lesquels vous conviennent.

Pour approfondir la question, répondez aux interrogations suivantes dans votre journal. Pensez à votre proche difficile et à vous-même en y répondant.

❖ Qu'est-ce que je fais par obligation?

❖ Quels sentiments cette question a-t-elle fait surgir?

❖ Lesquelles de mes obligations me semblent bonnes ?

❖ Lesquelles de mes obligations ne me semblent pas bonnes ?

Les attentes

Les gens émettent toutes sortes d'opinions concernant les attentes. Certaines personnes pensent qu'il faut attendre des autres, et principalement de notre famille, qu'ils agissent d'une certaine façon. D'autres prétendent que si vous n'avez pas d'attentes, vous ne serez jamais déçu. Que signifie le fait d'avoir des attentes ? Quand nos attentes sont-elles justifiées et quand sont-elles déplacées ? Bien qu'il soit impossible de généraliser, voici quelques éléments à prendre en compte en matière d'attentes :

❖ Une attente est différente d'une requête. Avec une requête, il n'y a pas de mauvaise réponse. La personne sollicitée peut répondre avec honnêteté. À l'inverse, avec une attente, on s'attend à une certaine réponse, ce qui diminue considérablement les chances que notre interlocuteur soit honnête avec nous.

❖ Les attentes exprimées entre adultes limitent les possibilités de liberté, d'acceptation et d'amour – des deux côtés.

❖ L'acceptation est l'opposé de l'attente.

❖ On dit que les attentes sont des rancunes préméditées.

❖ Lorsque vous êtes convaincu qu'il est raisonnable d'attendre quelque chose d'un autre adulte, exprimez clairement ce que vous souhaitez. Dites ce que vous voulez et pourquoi vous le voulez. Soyez prêt à recevoir une réponse négative, sans pour autant punir votre interlocuteur.

❖ N'essayez pas de changer un trait de personnalité qui vous déplaît chez l'autre. Personne ne peut faire changer qui que ce soit. Vous pourriez réussir à gâcher la vie de l'autre au point qu'il décide de dissimuler les traits de sa personnalité qui vous déplaisent, mais il ne s'agit en rien d'un changement réel.

❖ D'une manière générale, moins vous attendez des autres qu'ils satisfassent à vos exigences, moins vous serez déçu ou frustré.

Quand vos attentes sont-elles raisonnables ? Quand vous attendez un enfant. Quand vous vous attendez à ce qu'une chaise supporte votre poids. Quand une personne vous prévient qu'elle va agir d'une certaine façon. Quand toutes les parties s'entendent sur une idée, une approche ou un plan d'action.

Les attentes

Dans votre journal, répondez à l'énoncé et aux questions ci-dessous :

❖ Inscrivez deux ou trois attentes que vous entretenez à l'égard de votre proche difficile.

❖ Comment ces attentes se manifestent-elles la plupart du temps ?

❖ Pourquoi pensez-vous qu'elles sont satisfaites ou ne le sont pas ?

❖ Quand elles sont satisfaites, comment vous sentez-vous ?

❖ Quand elles ne sont pas satisfaites, comment vous sentez-vous ?

❖ Comment vous sentez-vous lorsqu'une personne s'attend à ce que vous soyez comme elle l'a décidé ?

La logique et l'amour, pas si confus que ça, tout compte fait ?

Dans cette section du livre, vous avez analysé 10 facteurs ayant une influence sur vous et sur votre relation avec votre proche difficile. Nous espérons que votre travail vous aura permis de clarifier certains aspects de cette relation.

Gardez à l'esprit qu'en règle générale, la prise de conscience et le changement sont des processus lents. Et c'est très bien ainsi, puisque la plupart des gens ont besoin de temps pour s'habituer à de nouvelles idées et à de nouveaux sentiments.

Maintenant que j'ai fait du ménage dans mes «tiroirs», qu'est-ce que je fais avec tout ça?

Si vous aviez réellement fait du ménage dans vos tiroirs, qu'auriez-vous en face de vous maintenant? Des petites piles de clous poussiéreux, trois vieilles paires de ciseaux, cinq boîtes d'allumettes à moitié vides, etc. Et vous auriez probablement envie de tout balancer à la poubelle. Mais puisque vous avez pris la peine de faire du tri, autant prendre le temps de déterminer ce qui peut valoir la peine d'être conservé et de le ranger à sa place.

Inventaire de la nouvelle prise de conscience

Cela fonctionne de la même façon pour les pensées, sentiments et comportements dans lesquels vous avez fait du tri tout au long de ce chapitre, et vous allez avoir maintenant l'occasion d'évaluer tout ce que vous avez trouvé jusqu'à présent. Inscrivez sur une feuille quelques-unes des choses que vous avez comprises ou apprises dans ce chapitre. Prenez ensuite votre journal pour y parler de l'impact que votre nouvelle prise de conscience pourrait avoir sur vous et sur votre relation avec votre proche difficile.

Vous pouvez apprendre à repérer les schémas qui vous ont façonné. Peu importe que vous ayez 20 ou 90 ans lorsque vous commencez à prendre conscience de ces schémas, car une prise de conscience provoque un changement, et vous pouvez choisir d'envisager les choses de façon différente. La croissance personnelle consiste à allumer des «lumières» émotionnelles et à éclairer votre conception de la vie. Demandez-vous : « Quelle est *ma* meilleure solution ? » au lieu de « Quelle est *la* meilleure solution ? »

Dans les chapitres suivants, vous continuerez à en apprendre plus sur vous et sur votre proche difficile. Des idées et des outils utiles vous seront présentés, et vous apprendrez à vous en servir. Dans le prochain chapitre, vous aurez l'occasion de porter un regard nouveau sur votre proche difficile.

CHAPITRE 3

COMPRENDRE VOTRE PROCHE DIFFICILE

Estelle a une proche difficile. Il s'agit de sa fille, Melissa, qui passe d'un homme à l'autre depuis qu'elle a 17 ans et qui a deux jeunes fils, pour lesquels Estelle s'inquiète en permanence. Elle est malheureusement habituée à ce que sa fille lui demande de lui donner de l'argent ou de l'héberger temporairement, mais les choses ne se sont pas arrêtées là. En effet, à la dernière visite de Melissa, Estelle a remarqué qu'elle avait des bleus sur les bras.

— Melissa, tu as des marques sur le bras. C'est lui qui t'a fait ça, n'est-ce pas ? s'est exclamée Estelle. Il faut que tu le quittes. Tu as 25 ans, tu as la vie devant toi. Cet été déjà, il t'avait bousculée. Quand vas-tu comprendre que tu ne dois pas le laisser te traiter de la sorte ?

— Il ne l'a pas fait exprès maman. Il était juste un peu contrarié. Les enfants commençaient à lui taper sur les nerfs, et quand il ne travaille pas il se met facilement en colère. Il est frustré, c'est tout.

— Mais enfin, Melissa, il passe son temps à vous crier après, et les garçons ont peur de lui. Comment peux-tu obliger tes propres enfants à vivre avec quelqu'un comme lui ?

— Je suis désolée maman. Je sais que tu t'inquiètes pour moi, mais tout va bien, vraiment. Je l'aime. C'était juste une mauvaise journée pour lui. Moi aussi, je m'étais un peu énervée. Je vais reprendre les choses en main, et je suis sûre que tout va mieux se passer.

Après cette discussion, Estelle s'est dirigée vers le salon afin d'être seule. Elle se sentait découragée. « Je me demande pourquoi je m'entête à lui faire entendre raison. Je pourrais tout aussi bien parler à un mur. »

Melissa avait regardé sa mère s'éloigner. Au fond d'elle-même, elle avait peur que sa mère ait raison. Elle savait que son petit ami avait mauvais caractère et pouvait être désagréable et exigeant avec elle et avec ses enfants.

Mais elle ne pouvait pas lui demander de partir. Elle n'avait pas de gros revenus, et aucun argent de côté. Il l'avait forcée à couper les ponts avec ses amis,
si bien qu'elle avait maintenant l'impression d'être seule.

Il ne fait aucun doute que Melissa est une personne en difficulté. Elle
semble ne pas être en mesure de comprendre pourquoi toutes ces choses
lui arrivent. Quels que soient ses efforts, elle fait toujours les mauvais choix.

Nos proches difficiles ont des points en commun

Bien que les détails de la vie de Melissa puissent être différents de ce que
vit votre proche difficile, il y a de fortes chances pour qu'ils aient quelques
ressemblances. Sans tenir compte des différences de race, d'âge, de sexe, de
situation financière, de quotient intellectuel, d'apparence, de capacité physique
et autres caractéristiques du même style, les personnes en difficulté ont plus
de similitudes que l'inverse.

Dans ce chapitre, vous en apprendrez plus sur les difficultés que ces personnes doivent affronter. Même si leur présence est pour vous une grande
source d'inquiétude et de découragement, vous serez en mesure de mieux
gérer ces personnes et de vous sentir mieux, car vous aurez une plus grande
compréhension de ce qui cause leurs problèmes. Voici donc quelques traits
communs à ces personnes difficiles.

Émotions dissimulées

Les personnes difficiles se retrouvent souvent en proie à des émotions
intenses par lesquelles elles ont peur d'être submergées. Ne sachant pas

comment agir, elles les minimisent ou s'arrangent pour les refouler. Parfois, ces personnes ont l'air heureux alors qu'elles ne le sont pas ; et à d'autres moments, elles se servent de leur colère pour dissimuler leur tristesse ou leur peur. Il peut être difficile de parler avec elles de leurs sentiments, parce qu'il est tout à fait possible qu'elles ne soient pas conscientes de ce qu'elles dissimulent au fond d'elles-mêmes.

Mauvaise estime de soi

L'estime de soi est ce qui permet de mesurer la valeur qu'une personne s'attribue. De nombreuses personnes en difficulté ont une mauvaise estime d'elles. Elles sont convaincues, au plus profond d'elles-mêmes, qu'elles ne valent rien. Chez certaines, ce manque de confiance est flagrant : elles parlent discrètement, ne regardent pas les gens dans les yeux, expriment rarement leur opinion et ne sont pas attirées par la nouveauté. À l'inverse, d'autres dissimulent leur manque d'assurance derrière un comportement supérieur ou arrogant.

Quelle que soit l'image qu'elles présentent aux autres, les personnes qui manquent de confiance en elles peuvent éprouver de grandes difficultés à reconnaître leurs erreurs ou à parler de leurs défauts. Pour elles, il est très éprouvant de parler de leurs problèmes, parce qu'il n'est pas rare qu'elles aient essayé de changer à plusieurs reprises sans y parvenir. Si vous avez essayé de discuter avec votre proche et que vous n'en avez rien retiré, vous savez à quel point ce genre de situation peut être frustrant. Il peut réagir en se renfermant sur lui-même, en changeant de sujet ou en vous agressant. Mais pensez à ceci : la frustration que vous ressentez est probablement beaucoup moins intense que la sienne.

Mauvaises décisions

Les personnes en difficulté prennent souvent de mauvaises décisions. Elles se trompent à propos de situations, à propos des capacités ou des intentions de leur entourage, et elles ont tendance à se sous-estimer ou à se surestimer.

Elles peuvent alors se retrouver dans un cercle vicieux, dans lequel leurs mauvaises décisions entretiennent leur manque de confiance qui, à son tour, les empêchera de demander de l'aide à leur entourage. Sans cette aide extérieure, elles continuent à prendre de mauvaises décisions. Elles ne font plus confiance à leur entourage, pas plus qu'à elles-mêmes, et comme elles n'arrivent pas à comprendre ce qui leur arrive, elles reportent la responsabilité de leurs erreurs sur les autres ou arrêtent carrément de prendre des décisions.

Erreurs répétées

Une des caractéristiques principales des personnes à problèmes est qu'elles répètent sans cesse les mêmes erreurs. Elles semblent ne pas tirer de leçon de leurs expériences passées. Qu'il s'agisse de choisir de mauvais partenaires amoureux, de mal dépenser leur argent, de se mettre en colère, de quitter leur travail, d'utiliser les autres ou d'un millier d'autres situations similaires, les personnes difficiles ne semblent jamais apprendre de leurs erreurs.

Nos proches difficiles gèrent leur tendance à répéter les mêmes erreurs de façons différentes. Certains s'en veulent énormément et ne cessent de s'auto-flageller pour leur comportement. D'autres, même s'ils le vivent mal, n'accepteront d'en parler à personne. D'autres encore ne reconnaissent pas leurs erreurs et n'acceptent pas d'en assumer la responsabilité.

Quelle que soit leur réaction, ces personnes sont piégées par leur propre comportement. Que pourraient-elles dire après avoir mal agi pour la énième fois ? Comment pourraient-elles rattraper le mal qu'elles ont fait ? Comment pourraient-elles réagir face à votre déception, à votre colère ou à votre froideur ? Comment arriver à se regarder en face, et à affronter votre regard, après s'être encore excusé et avoir encore promis de ne jamais recommencer ?

Si vous parvenez à reconnaître que votre proche fait face à un véritable dilemme, vous pouvez mieux comprendre ce qu'il vit et pourquoi il agit de cette façon.

Val est une personne en difficulté dont le manque de confiance l'a toujours entraînée vers des relations nuisibles. Son stress, sa confusion et sa honte se sont accumulés, et même si elle savait que son comportement autodestructeur n'était pas le « bon » choix, il n'était pas si facile d'y mettre fin.

Je faisais un travail sur moi, pour me remettre de toutes ces années pendant lesquelles j'avais été victime d'agressions sexuelles. Comme j'avais divorcé, je suis devenue une mère de famille monoparentale avec trois jeunes enfants à ma charge. J'aimais mon travail, mais il était particulièrement stressant. Au milieu de tout ce chaos, j'ai réussi à me retrouver piégée dans une relation amoureuse qui était dangereuse pour moi et dont je ne savais pas comment me sortir. Je me sentais responsable de toutes mes difficultés, même si je n'en étais pas forcément la cause. J'avais honte de moi et de ma situation. Je ne savais pas vers qui me tourner. Un jour, alors que je me sentais complètement perdue et découragée, j'ai eu l'idée d'appuyer le bout de ma cigarette contre mon bras. Alors, c'est ce que j'ai fait, et la douleur m'a étrangement soulagée. Je savais que ce n'était pas une bonne idée, mais la douleur que je ressentais physiquement prenait temporairement le dessus sur celle qui me rongeait à l'intérieur. Je me suis donné un peu de répit de cette façon. Après cet épisode, je me suis brûlée à plusieurs reprises. Je ne savais plus quoi faire ni comment m'arrêter.

Changements temporaires

Nos proches difficiles ont tendance à apporter des changements temporaires là où une solution permanente serait nécessaire. Même s'ils sont sincèrement décidés à améliorer leur situation, il est rare qu'ils y parviennent. La persévérance n'est pas leur fort, et les résolutions qu'ils prendront dans le feu de l'action se transformeront vite en un feu de paille. Des émotions plus puissantes et plus immédiates prennent le dessus sur le reste, et ils finissent par oublier leurs promesses – plus par manque de maîtrise de soi que par malice.

Il est important pour vous de comprendre que leur comportement négatif risque fort de se reproduire en permanence. Ne soyez pas surpris si les changements qu'ils vous ont promis ne sont que de courte durée. Rappelez-vous-en aussi souvent que vous en aurez besoin. Vous n'agirez certes pas sur le comportement de votre proche mais, en modifiant vos attentes pour les rendre plus réalistes, vous diminuerez votre propre niveau de stress. Or, il arrive que ce soit tout ce que nous puissions faire.

Insatisfaction

La satisfaction, ou le contentement, est un sentiment de paix avec soi. Mais celui-ci provient de l'intérieur, et il est rare qu'une personne en difficulté ressente ce niveau de sérénité. Carlos en parle ainsi :

> *Je suis toujours en colère. J'ai grandi avec ma colère. Lorsque j'étais plus jeune, je me sentais seul et je n'étais pas heureux. Mes parents ne s'occupaient pas de moi et se contentaient de me déléguer des responsabilités. Je voyais que les autres enfants, contrairement à moi, avaient des amis. Je nettoyais le garage pendant qu'ils jouaient ensemble. Je devais économiser de l'argent parce que mes parents allaient me mettre dehors à ma majorité. Je devais travailler, et je n'avais donc pas le temps de m'amuser. Si je faisais une erreur, mes parents me hurlaient dessus. À 10 ans, mes parents me donnaient la fessée parce que je mouillais mon lit toutes les nuits. Je me rappelle que mon père m'appelait par tous les noms et me traitait d'« idiot » et de « tas d'os ». Il me reprochait de me comporter comme une fille. Il passait son temps à me dire : « Tu n'es pas capable de le faire » ou « Tu vas faire n'importe quoi. » Ma première réaction a été la colère. J'avais la sensation de devoir lutter en permanence, alors que les autres semblaient avoir une vie normale. Tout ça m'a rendu amer et en colère.*

Carlos pourrait vivre dans le contentement, mais il lui faut d'abord surmonter quelques obstacles.

Absence de sagesse

La sagesse est la capacité de comprendre le monde et les personnes qui l'habitent. Elle suppose que l'on fait preuve de bon sens et que l'on agit en conséquence. En outre, une personne sage prend de bonnes décisions et assume la responsabilité de ses actes.

En général, la sagesse vient avec l'âge, même si vous avez peut-être déjà entendu quelqu'un dire « c'est quelqu'un de sage pour son âge », pour décrire une personne dont le jeune âge ne laisserait pas supposer une telle maturité. Dans tous les cas, la sagesse n'est pas quelque chose que l'on obtient facilement. Et elle est rarement présente chez les personnes difficiles, rarement considérées comme des modèles de sagesse par leurs proches.

L'échelle de sagesse

La sagesse se construit à partir de nos expériences. Une façon de l'envisager consiste à imaginer une échelle qui s'élève vers le ciel. Le bas caractérise une absence totale de sagesse. Chaque barreau est une progression vers un peu plus de sagesse, et l'extrémité supérieure représente la connaissance et la sagesse parfaites. Nous sommes perchés en différents endroits de cette échelle, et notre évolution se fait habituellement vers le haut à mesure que nous prenons de l'âge. Voici quelques informations sur cette échelle de sagesse :

Plus haut ne signifie pas « mieux ». Il s'agit d'un point important. Le fait de se trouver plus haut ou plus bas qu'une autre personne ne signifie que vous êtes mieux ou moins bien qu'elle. L'échelle de sagesse vise à évaluer le niveau de sagesse de différentes personnes, et non à porter un jugement de valeur.

Les niveaux de sagesse varient en fonction de chacun. Habituellement, les gens font l'ascension de l'échelle à mesure qu'ils prennent de l'âge, même s'ils le font à des vitesses différentes. Malheureusement, un proche en difficulté peut passer beaucoup de temps sur un barreau qui n'est pas très éloigné du sol.

Notre perspective varie en fonction de l'endroit où on se trouve sur l'échelle. Chacun comprend le monde en fonction de son propre niveau de sagesse. Cela implique que la personne qui se trouve au-dessous de vous ne peut pas comprendre ou gérer les situations aussi bien que vous. La même chose est vraie pour vous. Vous n'avez pas le même niveau de compréhension que la personne située au-dessus de vous. Même si une personne en a réellement envie, elle ne peut pas comprendre plus que ce que son niveau sur l'échelle le lui permet. Cela dit, nous pouvons tous contribuer à notre ascension de l'échelle en travaillant à notre croissance personnelle.

Dessiner une échelle de sagesse

Essayez de faire cet exercice pour mieux comprendre votre proche difficile. Commencez par dessiner dans votre journal une échelle d'environ 15 à 20 barreaux. Appelez-la *Échelle de sagesse*. Le barreau inférieur représente l'absence de sagesse, et celui du haut incarne la sagesse absolue. Environ la moitié des personnes de votre connaissance se situe au-dessous du milieu de cette échelle, et le reste au-dessus.

Placez maintenant le nom de votre proche difficile à l'endroit de l'échelle qui vous semble lui correspondre le mieux. Le barreau que vous aurez choisi représente le mieux son niveau de sagesse à vos yeux. Si vous avez dans votre entourage plus d'un proche difficile, inscrivez leur nom sur cette même échelle. Ensuite, inscrivez le vôtre à l'endroit de l'échelle qui vous semble représenter le mieux votre niveau d'une manière générale.

Pensez maintenant à une personne que vous respectez – une personne positive dont vous pensez qu'elle a une très bonne compréhension des autres. Il s'agit probablement de quelqu'un que vous connaissez personnellement, mais il est également possible que ce ne soit pas le cas. Inscrivez son nom à l'endroit de l'échelle qui vous semble approprié. Vous pouvez considérer cette personne comme un modèle.

Observez comment vous avez situé chacune des personnes concernées sur votre échelle. Vous pouvez vous attendre à voir votre proche difficile au-dessous de vous et votre personne modèle au même niveau que vous, ou plus vraisemblablement au-dessus de vous. S'il n'en est rien, réfléchissez de nouveau au regard que vous portez sur vous-même et sur ces deux points de référence, ainsi que sur le niveau de sagesse de chacun. Si vous avez besoin d'une opinion extérieure, parlez-en à une personne fiable.

Sur une feuille à part ainsi que dans votre journal, écrivez ce que vous pensez de cette échelle. À quelles caractéristiques de votre proche difficile pensiez-vous lorsque vous l'avez placé là où il est ? Cet exercice vous aide-t-il à mieux comprendre votre proche et à mieux vous comprendre ? Si oui, qu'en avez-vous retiré ?

Nos proches difficiles ne peuvent pas voir ce qui n'est pas dans leur champ de vision

Certaines personnes en difficulté sous-estiment leur niveau de sagesse et auraient tendance à se positionner plus bas que le niveau qui leur correspond réellement. D'autres pourraient au contraire se positionner plus haut, en s'imaginant qu'elles en savent plus que ce qui est réellement le cas.

Votre proche difficile pense peut-être qu'il est plus sage qu'il ne l'est, et il est possible qu'il vous crie, du haut de son barreau : « Je peux voir la même chose que toi, et je sais que j'ai raison ! » Mais ce n'est pas le cas. Ce comportement est représentatif d'une autre caractéristique des personnes qui ne parviennent pas à s'élever au-dessus des barreaux les plus proches du sol : elles ne savent pas établir avec objectivité leur niveau de sagesse.

Elles sont un peu comme un enfant qui prend en cachette un biscuit dans la cuisine. Même s'il a semé des miettes de la cuisine jusqu'à sa chambre, il s'entêtera à nier qu'il a pris ce biscuit. N'importe quel adulte se rendra compte de la vérité puisqu'il en existe des preuves flagrantes. Mais l'enfant n'a pas encore atteint le barreau de l'échelle qui lui permet de percevoir ce que les adultes voient.

Pour prendre l'exemple d'un adulte, imaginons que votre oncle a pris l'habitude de mentir pour cacher qu'il est un joueur invétéré. Vous êtes quelques-uns à voir les conséquences de ses mensonges et de la piètre gestion de sa situation : expulsion pour non-paiement du loyer, demandes répétées d'emprunt auprès de la famille et non-remboursement de ceux-ci, présence de créanciers à sa porte, etc. La perspective que vous avez du haut de votre barreau de l'échelle vous permet de voir ce qui est évident, mais lui-même n'a pas encore appris à voir ses propres miettes de biscuits.

Un mari négatif qui passe son temps à critiquer est un autre type de personne qui se retrouverait en bas de l'échelle. Vous lui avez peut-être dit des centaines de fois que vous en aviez assez de ses critiques, mais il s'obstine à vouloir vous tenir tête. Il refuse d'admettre qu'il vous critique sans cesse ou il reporte la faute sur vous. Son déni pourrait provenir d'une tendance égocentrique, d'un manque de confiance, d'une éducation ou de toutes autres sortes de choses, mais le fait est qu'il n'est pas suffisamment haut sur l'échelle de sagesse (peu importe où il se trouve sur l'échelle des finances ou de la réussite professionnelle) pour envisager les relations interpersonnelles avec autant de clarté que vous.

Niveau de sagesse

Afin d'en apprendre un peu plus sur votre proche difficile et sur vous-même, utilisez le tableau ci-dessous pour décrire son niveau de sagesse, en vous basant par exemple sur sa capacité de jugement, sa maturité ou sa capacité à prendre de bonnes décisions. Faites cet exercice en adoptant trois perspectives différentes : ce que vous pensez, ce que votre proche dirait et ce que votre personne modèle dirait. Par exemple, vous pourriez penser que votre proche est idiot, celui-ci pourrait penser de lui-même qu'il est sage et votre personne modèle pourrait le trouver embrouillé. La première ligne de ce tableau a été remplie pour servir d'exemple.

Votre opinion	L'opinion de votre proche difficile	L'opinion de votre personne modèle
Il est idiot.	Je suis sacrément intelligent.	Il est vraiment embrouillé.

Prenez maintenant le temps de répondre sur une feuille à part aux questions suivantes :

❖ Que remarquez-vous à propos de vos réponses ?

❖ En quoi les termes que votre proche difficile utiliserait seraient-ils différents des vôtres ?

❖ En quoi les vôtres sont-ils différents de ceux de votre modèle ?

❖ Selon vous, qu'est-ce qui justifie ces différences ?

Le manque de confiance et le déni sont deux facteurs qui expliquent que notre proche difficile ne soit pas en mesure de voir ce que nous voyons. Jetez un œil à la section suivante pour mieux comprendre en quoi ces deux facteurs peuvent avoir une influence.

Manque de confiance

Le manque de confiance d'une personne en difficulté et la piètre opinion qu'elle a d'elle-même sont souvent flagrants. Leurs sentiments les plus profonds se manifestent souvent par une incapacité à prendre des décisions et à s'y tenir, par une tendance à se laisser influencer par les autres ou par une incapacité à se défendre.

Mais il arrive également que cette faiblesse intérieure ne soit pas aussi évidente. Certains de nos proches en difficulté peuvent avoir l'air énergique, déterminé et décidé. Mais s'il leur arrive de faire du mal à quelqu'un, c'est parce qu'ils souffrent d'une faiblesse émotionnelle, et non l'inverse. S'ils étaient suffisamment solides et équilibrés au niveau émotionnel pour être bienveillants, ils n'auraient pas besoin de faire du mal autour d'eux. Comme nous l'avons déjà dit, la plupart des adultes qui nuisent à leur entourage manquent de confiance au plus profond d'eux-mêmes. Alors, ils sont peut-être devenus accros à des substances ou à une activité. Ou peut-être ont-ils été maltraités étant enfants. Il est possible qu'ils aient reçu une éducation inconsistante leur ayant appris à manipuler les gens pour obtenir ce qu'ils voulaient. Parce qu'ils n'ont pas appris à gérer leurs sentiments et leurs actes, certains sont devenus agressifs. Ils ont pris l'habitude de dissimuler leurs émotions et de prendre l'offensive pour obtenir ce qu'ils voulaient.

Angie pouvait être une vraie boute-en-train dans certaines situations, mais il lui arrivait également d'être désagréable et colérique. Elle était très froide avec son ex-mari, qui la décrit en ces termes :

Je pense que le père et la mère d'Angie ont une grande part de responsabilité dans sa situation. Elle obtenait d'eux tout ce qu'elle voulait. Sa mère l'a beaucoup trop gâtée quand elle était jeune. Alors maintenant, si une idée ne vient pas d'elle, ça signifie que c'est une mauvaise idée. Elle veut que les choses se passent à sa façon. Vous savez tout de suite à qui vous avez affaire, et si vous n'êtes pas content, c'est la même chose. Elle vous dira qu'elle est heureuse, mais je ne la crois pas. Elle critique constamment les gens et les qualifie souvent de pauvres imbéciles.

Si je me fie à ce qu'elle m'a raconté de son passé, je dirais qu'elle a eu trop de liberté quand elle était enfant. Les gens habitués à obtenir ce qu'ils veulent s'attendent à ce que ça ne change jamais. À 16 ans, elle était déjà propriétaire d'une Mustang, elle dépensait tout l'argent qu'elle voulait. La totale. Pourrie gâtée. Quand j'étais jeune, nous n'avions pas ce genre de moyen. Chez elle, elle décidait de tout. Je pense qu'il lui est souvent arrivé d'être corrigée, mais la plupart du temps ses parents n'étaient pas assez sévères. Sa mère la laissait boire dans des soirées. Elle faisait tout ce que sa fille voulait.

Le fait qu'une personne soit faible intérieurement n'excuse pas ni n'amoindrit le mal qu'elle peut faire à son entourage, mais en avoir une meilleure compréhension peut vous permettre de mieux cerner votre proche. Si vous déterminez que son comportement s'explique par une faiblesse plutôt que par une force, vous êtes en mesure de gérer plus efficacement votre relation et de ressentir peut-être moins de peur et de colère. Et vous pouvez alors séparer son attitude de ce qu'elle est profondément – ce qui représente une autre étape du lâcher prise.

Déni

Le déni est un mécanisme de défense dont les gens se servent pour éviter les pensées ou les sentiments douloureux en refusant simplement de les valider. Il est le principal problème des toxicomanes, des alcooliques et autres personnes en difficulté.

Le déni est une réaction inconsciente qui peut s'installer sur le long terme. Une personne qui vit dans le déni ne peut pas prendre la maîtrise de sa vie, car elle n'a pas conscience de son comportement, de ses pensées et de ses sentiments. Le déni lui permet souvent d'éviter la souffrance que susciteraient des pensées et émotions indésirables, mais le prix à payer pour cette tranquillité est très élevé. En effet, le déni coupe les gens de leurs émotions positives et il rompt le lien émotionnel qui les unit à leur entourage.

Comment mon proche difficile en est-il arrivé là ?

Avez-vous déjà eu envie de vous approcher de votre proche, de frapper contre sa tête comme vous le feriez avec une porte et de dire : « Hello, il y a quelqu'un là-dedans ? » Vous est-il arrivé d'avoir envie de vous mettre sur la pointe des pieds pour voir ce qui se passait dans son cerveau ? Eh bien, nous avons des nouvelles pour vous : ce que vous y trouveriez ne serait probablement pas si différent de ce qu'il y a dans le vôtre.

D'ailleurs, cette section aurait également pu être intitulée « Comment peut-on en arriver là ? » Tout le monde a vécu des problèmes, des déceptions, des échecs. Comment se fait-il que certaines personnes semblent s'en sortir mieux que d'autres ? Il est possible qu'en repensant à ce que vous avez vécu, vous vous disiez : « J'ai eu la vie bien plus difficile que lui. Comment se fait-il qu'il ait tant de problèmes ? »

À vrai dire, les personnes difficiles sont souvent aussi intelligentes, attentionnées et bienveillantes que vous. Mais il semblerait qu'elles se retrouvent sans cesse dans des situations difficiles et conflictuelles, particulièrement avec les personnes les plus proches (comme vous, par exemple). La question est de savoir pourquoi.

Inné ou acquis?

Quand on souhaite avoir une meilleure compréhension d'un proche difficile, il peut être utile de prendre en compte un débat qui fait rage depuis longtemps dans le domaine de la psychologie et qui concerne la question de l'inné et de l'acquis. En termes simples, la question que ce débat pose est la suivante : « Sommes-nous devenus ce que nous sommes à cause d'éléments innés (génétiques ou héréditaires) ou acquis (expériences de vie et environnement) ? » La majorité des psychothérapeutes s'entendent pour dire que l'acquis est ce qui a le plus contribué à ce que nous sommes devenus.

Si c'est l'acquis qui est principalement en cause, quels sont les facteurs, auxquels nous sommes exposés dès notre plus jeune âge, qui peuvent influencer notre devenir ? Vous trouverez dans la liste suivante des exemples de ces facteurs.

❖ Pratiques parentales.

❖ Frères et sœurs, surtout s'ils sont plus âgés.

❖ Autres personnes vivant dans la même maison.

❖ Enfants du même âge.

❖ Professeurs, entraîneurs et autres figures d'autorité.

❖ Voisins.

❖ Culture.

❖ Traditions religieuses et spirituelles.

❖ Traumatismes.

❖ Alimentation.

❖ Maladies infantiles, accidents et complications à la naissance.

❖ Situation financière.

❖ Écoles fréquentées.

Bobbi Lee nous parle d'un de ses amis qui a tendance à être froid et qui a du mal à contrôler sa colère. Selon lui, ses difficultés lui viennent de ce qu'il a vécu avec ses parents.

> *Ses parents étaient des personnes distantes. Il a été élevé dans une famille très religieuse, mais sans amour. Son grand-père paternel pensait que les enfants devaient passer inaperçus. Tout est dans son éducation. Il a beaucoup de colère en lui. Je pense qu'il l'a refoulée parce qu'on lui a inculqué qu'un bon chrétien ne devait pas se mettre en colère.*

Si les êtres humains sont en grande partie le produit de leur environnement (acquis) comme le pensent de nombreux spécialistes du domaine, nous disposons là d'une très bonne nouvelle, car cela signifie que tous les gens peuvent changer ce qui leur déplaît en eux-mêmes. Cela signifie que personne n'est victime de la génétique. Le changement devient possible avec de l'espoir, de la motivation, des conseils, des opportunités et un soutien.

Suis-je à blâmer pour les problèmes de mon fils ou de ma fille ? — Une pensée pour les parents

Certains parents sont peut-être gênés par les discours des professionnels de la santé mentale relativement aux effets des pratiques parentales. Il arrive que les parents se sentent coupables de ce que leur enfant est devenu. Bon nombre de personnes qui ont ce livre entre les mains ont probablement un fils ou une fille difficile à qui elles vont penser tout au long de leur lecture. Certaines se sentent probablement responsables des problèmes de leurs enfants.

Vous vous êtes peut-être entendu dire, par votre conjoint ou ex-conjoint, par une assistante sociale, par un thérapeute, par la police ou par d'autres personnes, que vous étiez responsable des problèmes de votre enfant. Mais vous faire des reproches ou vous sentir coupable ne servira à rien. Votre influence n'en est qu'une parmi tant d'autres. Elle est importante, certes, mais elle n'est pas unique. Les enfants grandissent, comme ça a été votre cas. Ils deviennent des adolescents, de jeunes adultes, des adultes et des personnes âgées. Les adultes sains assument la responsabilité de leurs actes, peu importe ce qu'ils ont vécu pendant l'enfance. Voyons ce que Rick ressent à l'égard de son frère cadet.

> *Ça me gêne vraiment d'avoir à dire ça, mais mon frère est vraiment un vau-*
> *rien. Il est déjà en prison alors qu'il n'a que 22 ans. Quand on était jeunes,*
> *il est entré dans ma chambre en cachette pour voler mon magnétoscope.*
> *Il passait son temps à dépouiller sa propre famille. J'avais même dû mettre*
> *un verrou sur ma porte. Il parlait très mal à ma mère, mais elle ne disait*
> *rien parce qu'elle pensait avoir fait quelque chose de mal. Il s'est marié*
> *très jeune, et il traitait mal sa femme. Il n'aimait pas le ton qu'elle prenait*
> *avec lui, et il interprétait mal tout ce qu'elle disait. Alors qu'ils venaient à*
> *peine de se marier, il n'était même pas capable de rentrer à la maison le*
> *soir pour passer du temps avec sa femme et avec son bébé. Il est vraiment*
> *détraqué. Et pourtant, il est tellement jeune. C'est ça qui est dommage. On*
> *se demande de qui il tire ça. Ma sœur et moi n'avons jamais été comme ça.*
> *Mes parents se sentent responsables. Ils pensent avoir fait quelque chose de*
> *mal, mais je ne crois pas que ce soit le cas. C'est lui qui a un problème.*

Les meilleures théories de science et de psychothérapie qui soient ne peuvent pas expliquer tous les comportements humains, et elles ne le pourront pro-bablement jamais. Parfois, on ne sait tout simplement pas d'où vient notre comportement ou celui d'un proche.

Les nouveaux mariés

C'est l'histoire d'un jeune couple, revenu depuis peu de sa lune de miel. Alors qu'ils sont sur le point de se mettre à manger, le mari remarque que sa femme a coupé les deux extrémités du rôti avant de le faire cuire. Il lui demande pourquoi, et elle lui répond : « Je ne sais pas vraiment. Ma mère a toujours fait comme ça. »

Comme ils ont envie de savoir ce qui justifie cette méthode, ils décident d'interroger la mère de la mariée. Ainsi, quelques jours plus tard, celle-ci lui demande : « Maman, Dave a remarqué que j'avais coupé les extrémités du rôti l'autre jour, et il s'est demandé pourquoi. En fait, je ne sais pas vraiment ; je lui ai répondu que tu l'avais toujours fait, mais pourquoi fais-tu ça ? » Ce à quoi sa mère répond : « À vrai dire, je n'en sais rien chérie. Ma mère aussi faisait ça. »

La jeune mariée décide alors d'aller interroger sa grand-mère sur le sujet. Le week-end suivant, lorsqu'elle se retrouve avec elle, elle décide de lui poser la question.

— Grand-mère, pourquoi est-ce que tu coupais toujours les extrémités du rôti avant de le faire cuire ?

— Ah, ça, c'est parce que mon plat à rôti était trop petit.

Cette histoire illustre bien le fait que certains comportements sont transmis d'une génération à l'autre sans que les gens ne sachent d'où ils viennent.

Par conséquent, si vous vous sentez coupable pour ce que vous avez fait en tant que parent, rappelez-vous que votre enfant adulte a été influencé par de nombreuses personnes et par de nombreux événements tout au long de sa vie. Vous n'êtes pas à blâmer. Si vous avez pris des décisions que vous regrettez et qui influencent encore aujourd'hui le regard que vous portez sur vous ou vos relations avec les autres, il serait bon de vous faire aider. Vous pourriez ainsi y voir plus clair dans vos émotions. Mais vous devez vous débarrasser de votre culpabilité, car elle n'aide personne.

Les expériences vécues pendant l'enfance sont un facteur, et non une excuse

Les expériences que vous avez vécues durant l'enfance sont en partie responsables de ce que vous êtes aujourd'hui, mais elles ne doivent pas être une excuse pour justifier les mauvais choix qu'il peut vous arriver de faire. En tant qu'adulte, vous êtes responsable à 100 % de vos actes. Et il en va de même pour votre proche difficile. La façon dont il a été élevé – de même que de nombreux autres facteurs – a influencé ce qu'il est devenu, mais il est maintenant responsable de ce qu'il fait de sa vie.

N'est-ce pas un pouvoir formidable ? Votre proche difficile a le contrôle de ce qui se produit dans vie. Et vous avez le contrôle de ce qui se passe dans la vôtre. Pensez aux nouveaux mariés et à leur rôti. Cette méthode culinaire a influencé trois générations. La grand-mère l'a transmise à sa fille, qui l'a elle-même transmise à la sienne, laquelle aurait pu en faire de même avec ses propres enfants si elle n'avait pas posé de questions. Cet exemple, si simple soit-il, nous rappelle que nous ne savons pas toujours pourquoi nous agissons comme nous le faisons, et que nous pouvons changer les choses si nous le décidons.

N'acceptez pas que votre proche vous rende responsable de ses problèmes. Ne vous culpabilisez pas. Les reproches ne serviront à rien, ni pour vous ni pour votre proche. Si vous devez assumer la responsabilité des problèmes de vos enfants, qu'en sera-t-il des vôtres ? Est-ce vos parents qui en sont responsables ? Et qui est à blâmer pour ceux de vos parents ? Vos grands-parents ? Et vos arrière-grands-parents viennent après ? Où s'arrêtent les reproches ?

Certaines personnes difficiles sont très fortes au jeu des reproches. Assurez-vous de ne pas vous y laisser prendre. Ce qui s'est produit pendant la jeunesse de votre enfant est un facteur qui a influencé sa vie, et en aucun cas une excuse qui peut tout justifier.

Faire le point et aller de l'avant

Dans ce chapitre, nous avons essayé de comprendre pourquoi nos proches difficiles sont devenus ce qu'ils sont aujourd'hui. Nous espérons que vous en avez maintenant une meilleure compréhension, et que, grâce à ces éclaircissements, vous vous sentez un peu moins en colère, triste ou coupable.

Dans les trois premiers chapitres, nous avons examiné le comportement de votre proche difficile et nous avons essayé de comprendre ce qui motivait ses actes. Nous espérons vous avoir également permis d'en apprendre plus sur vous-même.

À partir de là, nous allons vous proposer des techniques que vous pourrez appliquer avec votre proche difficile. Vous y apprendrez à gérer vos pensées, vos sentiments et vos actes, afin d'être mieux équipé pour affronter les défis qui se présenteront à vous. Si les changements que vous adoptez pour vous ont des répercussions positives sur votre proche, ce sera formidable. Nous espérons que ce sera le cas. Mais votre objectif principal ne doit pas être de faire changer votre proche. Il doit être de vous donner les moyens de vous changer vous-même – peu importe ce que cela implique chez votre proche.

CHAPITRE 4

LÂCHER PRISE

Jason, le fils de Janice, vit de l'autre côté de la ville où habite sa mère. Il a toujours collectionné les problèmes : perdre son emploi, avoir des relations amoureuses malsaines, se faire arrêter par la police. Cela fait des années qu'il emprunte de l'argent à Janice sans jamais la rembourser. De son côté, Janice se sent coupable parce qu'elle a divorcé du père de Jason lorsque celui-ci était adolescent et qu'elle n'a jamais cessé d'avoir des problèmes avec lui depuis. Elle souffre maintenant de problèmes de santé liés au stress, et ceux-ci sont prennent de l'ampleur. Janice a donc commencé à dire non à son fils, et voici ce qui s'est produit la dernière fois que Jason lui a demandé de l'argent.

Jason fit claquer la porte derrière lui lorsqu'il sortit de la maison de sa mère pour se diriger vers sa voiture. « C'est la dernière fois, grommela-t-il. Je ne te demanderai plus jamais rien. » À l'intérieur de la maison, Janice se mit à arroser ses plantes. C'en était fini des excuses et des pleurs. Elle commençait enfin à accepter que ce n'était pas Jason le problème, mais elle-même.

Le téléphone sonna ; il s'agissait de sa fille aînée.

– Comment vas-tu maman ?

– Je vais bien chérie, lui répondit-elle.

– Tu n'as pas l'air. Est-ce que Jason est passé chez toi ?

– Oui Lisa. Il vient juste de partir. Il était encore à court d'argent. Mais avant que tu me poses la question, je te le dis tout de suite, je ne lui en ai pas donné. Et je ne le ferai plus. Ce que tout le monde me dit est vrai. Je lui ai trop donné par le passé, et il est temps pour lui de se comporter en homme, et pour moi de lâcher prise. Et j'apprends à ne plus me faire de reproches.

– Ouah, c'est formidable, maman ! lança Lisa. Je suis fière de toi. Tu fais ce qu'il y a à faire.

– Merci, Janice. J'apprends. Mais je dois y aller maintenant. J'ai promis à ma voisine de l'aider à transplanter ses fleurs à l'arrière de son jardin. J'espère que nous pourrons reprendre cette conversation plus tard. Et juste avant de raccrocher, elle ajouta : Lisa, je pense que Jason finira par s'en sortir. En tout cas, je sais que moi, j'y arriverai.

Janice a tiré des leçons importantes de sa relation avec son fils difficile. Elle a fait l'expérience d'une notion essentielle de ce livre : lâcher prise. Et vous aussi, vous le pouvez.

Lâcher prise

Le terme « lâcher prise » implique, dans le contexte qui nous intéresse, que vous arrêtez de vouloir contrôler les conséquences du comportement d'une autre personne. Il signifie que vous acceptez de ne pas avoir de pouvoir sur les actes des autres, mais seulement sur vous. Pour la plupart des gens, c'est un défi de taille. Il ne s'agit pas pour vous de lâcher prise sur votre amour pour cette personne, mais sur votre volonté de la changer.

Accepter votre incapacité à contrôler une autre personne est libérateur. Lorsque vous reconnaissez que celle-ci est responsable de ses propres actions, vous ne pouvez plus être victime de ses demandes, de ses exigences et de ses griefs. Vous pouvez toujours décider d'aider votre proche, mais il s'agira alors d'un choix délibéré, et non d'une réaction à un sentiment de culpabilité, de peur ou de frustration.

Lorsque vous lâchez prise, vous *choisissez* de faire quelque chose – ou de ne rien faire – pour votre proche difficile. Vous choisissez également ce que vous allez faire pour vous-même, peu importe que cela plaise ou non à votre proche. Ça semble peut-être égoïste, mais ce n'est pourtant pas le cas. L'égoïsme implique que l'on agit *uniquement* dans son propre intérêt, *sans tenir compte* des besoins des autres. Or, lâcher prise se fait dans l'intérêt des *deux* parties – mais sans que vous assumiez les responsabilités qui incombent à l'autre.

Être enchevêtré, détaché et en phase avec l'autre

Pour gérer efficacement votre relation avec votre proche tout en prenant soin de vous-même, vous devez trouver l'équilibre entre donner trop et ne pas donner assez. Cela implique que vous ne devez pas tomber dans les extrêmes, qui consistent à vouloir désespérément régler les problèmes de votre proche ou, au contraire, à couper les ponts avec lui.

Penchons-nous un instant sur les trois façons d'interagir avec un proche difficile. Dans ce genre de relation, on peut se retrouver enchevêtré (trop investi), détaché (pas assez investi) ou en phase avec l'autre (investi sainement).

Enchevêtré

Lorsque vous êtes enchevêtré, vous êtes trop investi dans la relation. Vous en faites trop. Vous espérez que votre proche finira par comprendre, et qu'il se réveillera enfin pour devenir un citoyen responsable et attentif aux autres. Vous vous accrochez à l'idée que votre soutien et votre amour sauront l'aider là où les autres ne le peuvent pas. Vous n'abandonnez pas l'idée de le changer, mais vous n'obtenez aucun résultat.

Tony, professionnel prospère, est également un père attentif qui s'est retrouvé enchevêtré dans les problèmes de sa fille, Allyson, qui a dépassé l'âge de la majorité. Celle-ci souffre depuis longtemps de problèmes d'alcoolisme et de toxicomanie. Ses deux autres filles ont de très bonnes situations professionnelles, ce qui lui donne encore plus envie d'aider Allyson.

> J'ai organisé plusieurs entretiens d'embauche pour Allyson, mais aucun n'a abouti. Elle ne veut pas vraiment travailler, et il m'a fallu du temps pour le comprendre. Je lui ai fait suivre un programme de désintoxication dans un centre privé qui m'a coûté 35 000 $, et elle consomme encore de la drogue. Elle vit dans une chambre d'hôtel depuis des mois, et c'est souvent moi qui paye sa chambre. Mais je le fais directement auprès de l'hôtel, car je sais que, si je lui donnais l'argent, elle le dépenserait pour se droguer et se soûler. Quelque chose ne va pas lorsque vous n'êtes plus en mesure d'assumer vos responsabilités dans votre couple, dans votre travail ou vis-à-vis de vous-même, parce que vous pensez à quelqu'un d'autre. Cela devient un problème lorsque la vie d'une autre personne occupe votre esprit au lieu de la vôtre.

Beaucoup de personnes ne voient pas qu'elles cherchent, par leur comportement, à changer l'autre. Elles prétendent qu'elles essaient simplement de l'aider, en lui donnant un coup de pouce. Mais tout ce que vous faites en espérant que votre proche pensera ou agira différemment est une tentative de le changer. Et si vous changez vous-même en espérant qu'il suivra votre chemin, vous essayez là encore de le changer. Cela ne fonctionne pas, et c'est ainsi que l'on se retrouve enchevêtré dans la situation.

Voici quelques exemples des discours tenus par les personnes enchevêtrées dans leur relation avec leur proche : « Il faut que je continue à essayer », « Pourquoi est-ce qu'elle ne m'aime pas ? », « Qu'est-ce que je fais de mal ? », « Il est trop confus (maltraité, naïf, perturbé, accro, et ainsi de suite) pour faire ce qu'il faut, alors je le fais à sa place » ou « Je suis assez solide pour encaisser les coups. »

Détaché

Être détaché est le contraire d'être enchevêtré. Un individu détaché refuse de s'investir sérieusement auprès d'un proche difficile. Il lui arrivera même de rompre les liens avec lui.

Certaines personnes se détachent d'un proche parce qu'elles ont profondé-ment souffert à cause de lui, et d'autres le font parce qu'elles ont tendance à se distancier des relations problématiques. Dans les deux cas, leur détache-ment est représentatif de la souffrance émotionnelle qui s'empare d'elles lorsqu'elles font face à des situations éprouvantes.

Une personne détachée pourrait dire, à propos de son proche difficile : « Qu'il aille au diable. Il ne m'écoute pas, alors je m'en lave les mains », « Il peut me dire ce qu'il veut pour m'amadouer, j'en ai fini avec lui », « Je m'en fiche » ou « S'il se réveille et change sa façon de faire, j'y penserai. Mais d'ici là, je laisse tomber. »

En phase avec l'autre

Lorsque vous êtes en phase avec l'autre, vous trouvez un équilibre sain entre un investissement excessif (enchevêtré) et un investissement insuffisant (déta-ché). Vous ne gaspillez pas votre temps, votre argent ou votre énergie comme le fait la personne enchevêtrée. Et vous ne refoulez pas vos émotions comme le fait la personne détachée. Vous trouvez un juste équilibre vous permettant de vous occuper de votre proche, tout en vous ménageant la marge de manœuvre nécessaire pour décider où, quand et comment les choses doivent se passer.

Ces personnes en phase avec leur proche difficile pourraient dire par exemple : « Je suis profondément peiné de le voir répéter les mêmes erreurs, mais je sais que je ne peux pas le changer », « Je vais prendre soin de moi » ou « Je ne l'abandonne pas, pas plus que je n'abandonne ma vie pour lui. » Tous ces énoncés expriment le désir de la personne de prendre soin d'elle-même et de son proche en même temps.

Suis-je enchevêtré, détaché ou en phase avec l'autre ?

Et vous, comment vous en sortez-vous avec votre proche difficile ? Pensez-vous être enchevêtré, détaché ou en phase avec lui ? En faites-vous trop ? Pas assez ? Avez-vous trouvé l'équilibre ?

L'exercice suivant vous permettra de déterminer où vous vous situez. Encerclez vrai ou faux. (Si vous avez plus d'un proche difficile, faites cet exercice séparément pour chacun d'entre eux.)

	Vrai	Faux
1. Je propose parfois de faire des choses pour mon proche que je regrette plus tard.	V	F
2. Il m'est déjà arrivé de couper les ponts avec mon proche pendant de longues périodes.	V	F
3. Si mon proche difficile commence à hurler, je mets fin à la conversation au lieu de me laisser marcher sur les pieds.	V	F
4. J'ai l'impression que mon proche ne m'apprécie pas à ma juste valeur.	V	F
5. Je refuse de parler à mon proche, dont le comportement me rend fou.	V	F
6. Ce que je fais pour mon proche, je le fais par amour et non par culpabilité.	V	F
7. J'ai la sensation que mon proche se sert de moi.	V	F
8. Je n'ai pas l'intention de parler de mon proche avec qui que ce soit.	V	F
9. Je sais que je ne suis pas responsable de son comportement.	V	F
10. Je fais plus d'efforts que lui pour essayer d'améliorer sa situation.	V	F
11. J'ai décidé de ne plus jamais envoyer de cartes ou de cadeaux à mon proche difficile.	V	F
12. Je suis libre de profiter de la vie.	V	F

13. Il m'arrive parfois d'être tellement perturbé par le comportement de mon proche difficile que j'en perds l'appétit ou le sommeil.	V	F
14. Je n'éprouve plus aucun sentiment à l'égard de mon proche.	V	F
15. Je refuse de trouver des excuses à mon proche difficile.	V	F
16. Mon proche difficile me stresse à tel point que j'ai des problèmes de santé.	V	F
17. Mon proche n'a plus aucune influence sur ma vie.	V	F
18. J'ai le droit d'être heureux, même quand mon proche ne l'est pas.	V	F
19. Il m'arrive de trouver des excuses pour le comportement de mon proche difficile.	V	F
20. Je refuse de poser le regard sur mon proche difficile.	V	F
21. Je n'en veux pas du tout – ou pas trop – à mon proche difficile lorsque celui-ci m'emprunte des choses.	V	F
22. Je me sens responsable de ses problèmes.	V	F
23. Je ne pourrais pas me sentir moins concerné par le sort de mon proche difficile.	V	F
24. Je ne me sens pas gêné par le comportement de mon proche.	V	F
25. Il m'arrive souvent de faire des choses pour lui afin de ne pas me sentir coupable.	V	F

26. Je sais qu'il se soucie peu de mon sort.	V	F
27. Je refuse de me laisser manipuler par mon proche.	V	F
28. Je perds trop souvent mon calme avec mon proche difficile.	V	F
29. On m'a conseillé de ne pas être aussi entêté à l'égard de mon proche.	V	F
30. Je demande à mon proche de faire certaines choses, mais je n'exige jamais.	V	F

Résultats

Encerclez, dans le tableau ci-dessous, les numéros qui correspondent aux énoncés auxquels vous avez répondu vrai. Calculez le nombre de chiffres encerclés dans chaque colonne et inscrivez le total sur la dernière ligne.

A	B	C
Enchevêtré	Détaché	En phase
1	2	3
4	5	6
7	8	9
10	11	12
13	14	15

16	17	18
19	20	21
22	23	24
25	26	27
28	29	30
Total:_____	**Total:**_____	**Total:**_____

La colonne A contient les énoncés représentatifs d'une relation d'enchevêtrement avec votre proche difficile. Les énoncés de la colonne B indiquent un détachement et ceux de la colonne C, que vous êtes en phase avec votre proche. Plus le total est élevé, plus vous manifestez le type de comportement associé à l'égard de votre proche difficile. Votre résultat le plus élevé est donc représentatif du type d'interaction auquel vous avez le plus souvent recours.

Un résultat allant de 0 à 2 indique une faible utilisation du type d'interaction concerné, un résultat de 3 ou 4 dévoile une utilisation modérée et un résultat de 5 ou plus est représentatif d'un usage fréquent du type d'interaction concerné en présence de votre proche difficile.

Un score élevé dans la colonne *Enchevêtré* indique que vous donnez trop de vous-même et que vous n'entretenez pas une indépendance émotionnelle suffisante par rapport à votre proche difficile. Un score élevé dans la colonne *Détaché* indique que vous avez peut-être pris trop de distance par rapport à votre proche. Cet éloignement est compréhensible, mais il pourrait s'avérer plus nuisible pour vous deux que ce que vous imaginez. Un score élevé dans la colonne *En phase* indique que vous êtes en mesure de trouver l'équilibre entre vos besoins et ceux de votre proche difficile.

Quels sont mes rapports avec mon proche difficile?

La plupart des gens adoptent un des trois types d'interaction mentionnés, mais il leur arrive également d'avoir recours à un des deux autres types – ou les deux à la fois. Vos réactions au comportement de votre proche difficile dépendent de tout un tas de circonstances. Il est possible que votre style change en fonction des problèmes précis de votre proche ou, si vous avez plus d'un proche difficile dans votre entourage, il est également envisageable que vous n'entreteniez pas les mêmes rapports avec chacun d'entre eux. Votre approche est également influencée par le soutien que vous recevez de votre entourage, et par ce qui se passe dans votre vie personnelle.

L'enchevêtrement vous limite pour diverses raisons, notamment parce qu'il vous épuise et qu'il encourage votre proche à ne pas assumer ses responsabilités. Être détaché de votre proche difficile vous limite également à plusieurs niveaux, notamment parce qu'il s'agit d'un comportement qui isole et peut même aboutir à la séparation permanente.

Lorsqu'on est en phase avec l'autre, on a atteint un juste milieu. Le risque de nourrir de la colère, de la culpabilité ou de la peur est moins élevé. En étant en phase avec votre proche difficile, c'est vous qui choisissez comment vous souhaitez interagir avec lui, sans perdre de vue votre propre bien-être.

Si vous souhaitez en apprendre un peu plus sur vous-même, répondez à la question suivante (si vous avez plus d'un proche difficile, donnez une réponse séparée pour chacun) sur une feuille à part. « Qu'ai-je appris, grâce à ce questionnaire, sur les rapports que j'entretiens avec mon proche difficile ?»

En vous basant sur ce que vous avez appris grâce à ce livre, sur les opinions de personnes de confiance et sur votre intuition, inscrivez le type d'interaction qui vous correspond le mieux entre ceux-ci:

> *Enchevêtré*   *Détaché*   *En phase*
>
> Écrivez également les deux ou trois choses que vous faites souvent et qui tendent à prouver que vous appartenez à la catégorie que vous venez d'encercler. Cet exercice vous permettra de mieux comprendre votre façon d'interagir avec votre proche difficile. Commencez-le en terminant la phrase suivante : « Je pense que je suis enchevêtré (ou) détaché (ou) en phase avec mon proche, parce que je… »

UN PROCESSUS EN TROIS ÉTAPES POUR LÂCHER PRISE

Nous allons maintenant vous présenter un processus en trois étapes pour mieux gérer les réactions malsaines de votre proche difficile. Appliquez-le chaque fois que vous aurez la sensation d'en faire trop ou de ne pas en faire assez par rapport à lui, par exemple en voulant le sauver ou, au contraire, l'abandonner. Un tel comportement est également caractérisé par des pensées négatives ou dévalorisantes à votre encontre ou à son égard, ou encore par de la culpabilité, de la colère ou de la peur. Les trois étapes pour lâcher prise sont : ressentez, réfléchissez, agissez.

ÉTAPE 1. Ressentez. Reconnaissez et acceptez vos pensées et sentiments.

ÉTAPE 2. Réfléchissez. Repensez à ce qui s'est passé et planifiez votre réaction.

ÉTAPE 3. Agissez. Remplacez vos anciennes façons d'agir par de nouvelles.

Il vous faudra peut-être un peu d'entraînement pour parvenir à gérer vos anciens comportements et vos vieilles croyances, mais vous pouvez y arriver. Vos habitudes sont ancrées en vous depuis un moment, et vous aurez donc besoin de temps pour les modifier. En outre, vous ne vous contentez pas de changer votre comportement, mais vous vous attaquez aux sentiments qui y sont attachés.

Il y aura des moments où vous saurez exactement quel est le meilleur comportement à adopter avec votre proche, mais où vous n'aurez pas le courage de le mettre en pratique. C'est une façon courante de réagir aux émotions fortes, alors ne vous laissez pas décourager. Continuez à vous concentrer sur les changements que vous souhaitez apporter. Penchons-nous maintenant sur ce processus en trois étapes.

Étape 1 : Ressentez. Reconnaissez et acceptez vos pensées et sentiments

Avec cette première étape, vous reconnaissez vos sentiments. Validez-les directement en pensant par exemple : « J'ai beaucoup de peine quand il ne retourne pas mes appels », « Je me sens vraiment coupable pour ce que j'ai fait » ou « Je suis très inquiet à son sujet. »

Cela ne signifie pas que vous vous apitoyez sur votre sort, mais plutôt que vous reconnaissez vos sentiments pour aller de l'avant. Vos émotions négatives sont en vous, que vous le vouliez ou non, alors laissez-les s'exprimer afin de les libérer. Si vous les refoulez, elles ne disparaîtront pas, mais elles iront se dissimuler un peu plus en profondeur, d'où elles referont surface sous la forme de maux de tête, de problèmes digestifs, de baisse d'énergie ou de troubles du sommeil.

Cette étape, qui consiste à reconnaître nos sentiments problématiques, peut sembler être en contradiction avec le but recherché, car de nombreuses personnes passent leur vie à essayer de les éviter. Mais il est absolument essentiel que vous laissiez ces sentiments s'exprimer. Et ne pensez pas que le fait de reconnaître leur existence leur donnera plus d'importance. En fait, c'est l'inverse qui se produit. Les refouler et essayer de les faire sortir de votre esprit par la force sans les avoir validées au préalable permet aux émotions de conserver leur place. Si vous ne reconnaissez pas vos sentiments, ils ne cesseront jamais de refaire surface de façon peu agréable.

Étape 2 : Réfléchissez. Repensez à ce qui s'est passé et planifiez votre réaction

À l'Étape 2, vous réinterprétez l'incident qui s'est produit et vous planifiez une réaction différente pour être prêt la prochaine fois que vous serez confronté à une situation similaire. Les suggestions suivantes devraient vous aider à mieux gérer les événements. Gardez à l'esprit qu'il n'existe pas de bonne ou de mauvaise façon d'agir. Essayez de mettre en pratique ce qui vous correspond le mieux. Si vous avez d'autres idées, utilisez-les.

Respirez profondément

Préparez-vous à repenser à ce qui s'est produit en prenant deux ou trois respirations profondes. Cet exercice, qui rend les idées plus claires et ralentit le rythme cardiaque, peut être utile lorsque vous vous sentez angoissé ou perturbé. Debout, assis ou allongé, respirez lentement et profondément. Fermez les yeux si vous le souhaitez, et répétez-vous que vous êtes détendu.

Parlez-vous à vous-même

Entamez une petite conversation avec vous-même, dans votre tête ou à voix haute. Analysez ce qui vient de se produire avec votre proche difficile. Qui a fait quoi ? Comment vous êtes-vous senti ? À quoi pensiez-vous ? Affirmez que vous souhaitez agir différemment.

Remettez en question vos vieilles croyances

Réévaluez les réactions automatiques qui vous poussent à agir d'une certaine façon. Parmi celles-ci, on trouve par exemple : vous forcer à être gentil avec un proche difficile qui vient de prononcer des paroles blessantes ; donner un coup de téléphone pour couvrir votre proche, dire à votre proche ce qu'il doit faire.

Si vous remarquez la présence de réactions automatiques, remettez-les en question en vous demandant : « Pourquoi devrais-je être agréable avec lui alors qu'il a été désagréable avec moi ? », « Pourquoi est-ce que je fais tant d'efforts pour régler ses problèmes alors qu'il semble n'y attacher aucune importance ? », « Qu'est-ce qui me fait penser que je sais ce dont il a besoin ? » ou « Qui a dit que je devais me sentir mal parce que lui se sent mal ? »

Pour vous aider à repérer vos réactions automatiques, pensez à une situation récente au cours de laquelle vous avez réagi au comportement de votre proche difficile d'une façon qui vous a laissé une mauvaise impression. Par exemple, votre proche a emprunté de l'argent à quelqu'un, et vous n'avez rien dit sur le sujet, même si vous n'étiez pas d'accord avec ce qu'il faisait, ou votre proche vit avec ses enfants dans un appartement où règnent le désordre et la saleté, et vous êtes une fois de plus allé nettoyer leur pagaille.

Dès que vous avez trouvé un exemple de situation, notez sur une feuille à part deux ou trois choses que vous croyez à propos de votre proche ou de vous-même, et qui ont influencé votre comportement dans cette situation.

Prenez maintenant chacune de ces croyances et sur cette même feuille ou dans votre journal, pour répondre aux questions suivantes : « Mes réactions ont-elles été positives pour moi, pour mon proche difficile et pour les autres ? », « D'où me viennent ces croyances ? », « Sont-elles fondées ? » ou « En quoi mes pensées ou mes actions m'empêchent-elles d'obtenir ce que je veux ? »

Rappelez-vous les moments où vous vous en êtes bien sorti

Pour avancer dans la deuxième étape, repensez aux moments où vous avez su gérer efficacement des situations problématiques. Essayez de vous en rappeler en détail. Si vous avez du mal à le faire, imaginez quelle aurait été la meilleure façon de réagir vis-à-vis la situation, ou repensez à ce que votre entourage vous a conseillé dans de pareils cas.

Concentrez-vous sur les solutions qui vous semblent les plus appropriées. Si vous souhaitez avoir d'autres idées, pensez à une personne qui fait preuve de compassion et de sagesse. Il s'agit peut-être de celle que vous avez choisie pour l'échelle de sagesse du Chapitre 3. Pensez à ce qu'elle vous a dit ou aurait pu vous dire à propos de cette situation.

Élaborez un nouveau plan

Un aspect important de l'Étape 2 concerne l'élaboration d'un plan visant à agir différemment la fois suivante. Débarrassez-vous des croyances limitatives et élaborez un plan d'action créatif. Pensez à tout ce que vous pourriez faire différemment. Dans votre journal, faites une liste de nouvelles façons de réagir.

Pour établir cette liste, rappelez-vous tout ce qui a fonctionné par le passé, même si le succès de ces solutions n'a pas toujours été flagrant. Faites une séance de remue-méninges en notant toutes les idées qui vous passent par la tête. Pensez à elles en faisant une petite marche rapide qui vous permettra d'y voir plus clair. Demandez à des personnes de confiance leur opinion. Lorsque de nouvelles idées surgissent dans votre esprit, laissez-leur le temps de prendre forme. Ne les cataloguez pas immédiatement comme stupides ou impossibles. Pensez à des raisons pour lesquelles elles peuvent fonctionner au lieu d'imaginer l'inverse.

Continuez avec votre journal, en planifiant avec précision la façon dont vous souhaitez réagir à l'avenir. Dès que vous voyez que vous vous trouvez dans une situation délicate avec votre proche, commencez à vous raisonner en affirmant que vous souhaitez résoudre cette situation avec efficacité. Dites-vous que, même si vous ne pouvez pas contrôler votre proche, vous pouvez décider de votre réaction. N'oubliez pas de garder votre calme. Pensez à la façon dont vous pouvez vous y prendre pour prendre soin de vous. Imaginez ce que ferait un bon ami dans ces circonstances.

Ensuite, reprenez l'ensemble de ces pensées pour en tirer une conclusion. Déterminez la meilleure façon d'agir. Soyez précis. Dites par exemple : « Maintenant que John a hurlé après moi, j'ai décidé que je quitterais la maison s'il recommençait », ou encore « Oncle Peter est soûl et énervé ; s'il décide de reconduire sa fille chez elle, je le menacerai d'appeler la police. » Et tenez-vous à votre décision.

Une fois que vous avez décidé du comportement à adopter, réaffirmez votre décision aussi souvent que vous en avez besoin, pour renforcer votre détermination. Si vous disposez du temps nécessaire et si vous souhaitez le faire, notez votre plan par écrit et consultez-le lorsque vous avez besoin d'un rappel.

Prenons un exemple. Imaginons que votre fille crie exagérément après son enfant, et que votre réaction habituelle est de lui adresser un sourire serein. Imaginons également que vous retournez contre votre conjoint la colère que votre fille fait naître en vous. En vous inspirant des directives de l'Étape 2, prenez une respiration profonde et remettez vos idées au clair, en décidant par exemple de dire calmement à votre fille que vous vous sentez mal lorsqu'elle élève le ton. Pour compléter cette étape, vous pourriez décider de parler à votre conjoint de ce qui vous perturbe. Demandez-lui de vous soutenir pour que vous puissiez mieux profiter de votre vie de couple.

Étape 3. Agissez. Remplacez vos anciennes façons d'agir par de nouvelles

Il est maintenant temps de mener à bien le plan élaboré à l'Étape 2. Si vous avez décidé de vous maintenir occupé lorsque vous commencez à vous en faire pour votre proche, faites-le. Si vous avez décidé de quitter poliment la pièce lorsque votre père commence à faire des commentaires désagréables à votre mère, assurez-vous de le faire.

Une méthode efficace consiste à vous visualiser en train de mener à bien votre plan. Imaginez que vous vous excusez poliment auprès de votre père, et que vous vous détournez de lui pour sortir de la pièce. Visualisez la scène dans votre tête et, si c'est nécessaire, repassez-la plusieurs fois avant votre prochaine rencontre avec lui. Vous pouvez vous servir de cet exercice de visualisation pour vous aider à apporter les changements que vous souhaitez dans votre vie.

Rappelez-vous que votre plan ne se déroulera comme prévu que si vous allez jusqu'au bout. Alors, prenez votre courage à deux mains et faites le grand saut. Affrontez vos peurs et exécutez votre plan. Habituellement, les premières fois sont les plus difficiles. Mais n'abandonnez pas car, avec le temps, vous aurez moins de mal à le faire.

Mettre en application le lâcher prise

Pour vous donner une meilleure idée de la façon dont il faut s'y prendre pour lâcher prise, nous allons reprendre l'exemple de Janice, dont nous avons parlé au début de ce chapitre, et de son fils, Jason. Son histoire nous montre les progrès importants qu'il a accomplis par rapport à son fils. Celui-ci était constamment en colère et se comportait de façon irresponsable depuis plusieurs années. Ses relations amoureuses étaient malsaines, il se faisait licencier en permanence et il empruntait sans arrêt de l'argent à sa mère.

Janice a donc mis en application les trois étapes du lâcher prise, mentionnées précédemment, pour changer sa façon de gérer sa relation avec son fils. Si vous avez besoin de vous rafraîchir les idées, relisez son histoire.

Analysons le processus de pensée sur lequel repose sa nouvelle façon de réagir au comportement de son fils. Pour commencer, Janice a appliqué la première partie de l'Étape 1 : *Ressentez*. Elle a choisi un comportement qui revient souvent chez son fils et qu'elle déteste particulièrement : le fait qu'il lui emprunte constamment de l'argent. Elle a décrit ce qu'elle faisait lorsque Jason lui demandait de l'argent : « Chaque fois qu'il m'a demandé de l'argent, je lui en ai donné, même lorsque je n'en avais pas envie. » Puis, elle a expliqué ce qu'elle ressentait lorsqu'elle lui donnait de l'argent : « Je me sentais très mal. Au premier abord, je me sentais coupable parce qu'il avait beaucoup de problèmes, puis je commençais à avoir peur de ce qu'il pourrait faire si je ne lui donnais pas l'argent. Après coup, j'étais en colère contre moi-même pour avoir encore cédé. »

Pour l'Étape 2, *Réfléchissez*, Janice a interprété ce qui se produisait lorsque son fils lui demandait de l'argent. Elle dit à ce sujet : « Je pensais devoir lui donner de l'argent, parce que c'est ce que font les mères. Je pensais qu'il allait de ma responsabilité de le faire. Maintenant, j'envisage les choses différemment. Lorsqu'il me demande de l'argent, je ne suis pas obligée de lui en donner. Je peux lui dire non. » Ensuite, Janice a élaboré un plan pour déterminer ce qui serait différent dans sa réaction la prochaine fois que Jason lui en demanderait. Son plan était le suivant : « Lorsque Jason me demande de l'argent, je lui réponds non tout de suite, car je sais que rien d'autre ne fonctionne avec lui. Je m'attends à ce qu'il se mette en colère, mais je m'en tiendrai à ma décision. Si je me sens mal après, je pourrai toujours appeler ma fille pour qu'elle me réconforte. »

Dans l'Étape 3, Janice a réduit son plan d'action à un énoncé dont elle pouvait se rappeler facilement : « Lorsque Jason me demande de l'argent, je dis non et j'appelle ma fille si j'ai besoin de soutien. »

Changer votre façon de réagir

Vous comprenez maintenant comment Janice a appliqué la méthode des trois étapes pour lâcher prise. Écrivez sur une feuille à part ou dans votre journal pour déterminer une nouvelle façon de réagir à un comportement courant de votre proche difficile.

Étape 1 : ressentez

Notez un comportement problématique de votre proche qui revient souvent et auquel vous réagissez de façon trop excessive, ou, au contraire, trop passive.

Ensuite, écrivez ce que vous faites lorsqu'il agit de cette manière. Vous pourriez commencer par : « Lorsque mon proche difficile (inscrivez le comportement que vous avez choisi), je réagis en… »

Notez maintenant les sentiments qui surgissent en vous à l'évocation de cette situation (culpabilité, colère, peur, découragement, etc.). Commencez par « Je ressens… »

Étape 2 : réfléchissez-y

Cette étape est divisée en deux parties.

Repensez-y. La première partie vise à élaborer de nouvelles façons d'interpréter ce qui s'est produit avec votre proche difficile. Pour ce faire, remettez en question vos anciens modes de pensée. Examinez toutes les hypothèses qui peuvent vous traverser l'esprit à propos de ce que vous « devriez » ou « ne devriez pas » faire dans une telle situation. Demandez-vous si vos pensées sont fondées et utiles ou si elles sont le résultat d'une habitude ou d'une peur. Demandez-vous comment des personnes dont vous respectez le jugement interpréteraient la situation si elles étaient à votre place. Que feraient-elles ? Inscrivez une ou plusieurs nouvelles façons d'interpréter ce qui s'est produit.

Planifiez. La seconde partie de cette étape consiste à élaborer un plan précis du comportement que vous adopterez la prochaine fois que cette même situation se produira. Pour ce faire, réfléchissez à ce qui pourrait être une réaction ferme, mais juste. Pensez à ce qu'une personne avisée ferait dans votre situation. Imaginez de quelle façon vous réagiriez si vous n'aviez pas peur de la réaction de votre proche.

Notez votre plan. Soyez précis. Vous pourriez dire par exemple : « La prochaine fois que maman ne m'écoutera pas quand je lui parlerai, je lui dirai : "Maman, s'il te plaît, dis quelque chose quand je te parle". » Un autre exemple pourrait être : « Lorsque mon frère monopolisera la conversation pour ne parler que de lui, je m'excuserai poliment et je quitterai la pièce. »

Étape 3 : agissez

Exécutez votre nouveau plan d'action. Inscrivez une promesse que vous vous faites concernant votre engagement à aller jusqu'au bout de votre plan. Il pourrait par exemple s'agir de : « Je m'engage à aller jusqu'au bout de mon nouveau plan la prochaine fois que mon fils se disputera avec son père. »

Utilisez ces trois étapes pour vous aider à lâcher prise dans les situations problématiques qui concernent votre proche difficile. Dans toutes ces situations, rappelez-vous que votre objectif principal est de décider de quelle façon vous souhaitez vous investir dans cette relation. Vous devez vous assurer qu'il ne profitera pas de vous et que vous parviendrez à mener une vie agréable même s'il a du mal à s'en sortir seul.

Quelques pensées supplémentaires à propos de l'enchevêtrement

Il est parfois très difficile de lâcher prise. Personne ne peut prévoir avec précision ce qui se produira lorsque vous le ferez. Il est possible que vous vous soyez retrouvé dans une situation d'enchevêtrement ou de détachement pendant des années, et que vous redoutiez de changer un comportement ancré depuis longtemps en vous. Cela dit, de tels changements ne peuvent que permettre à votre proche de comprendre ses problèmes et à vous, de mener une vie plus sereine.

Voici un exemple de situation d'enchevêtrement qui s'est changée en relation saine et équilibrée. Christine avait aidé son fils à élever ses quatre enfants. Ensemble, ils faisaient le maximum pour que les enfants reçoivent la meilleure éducation possible. Mais en repensant à la situation, Christine a compris qu'elle avait souvent assumé plus de responsabilités que ce qu'elle aurait dû relativement aux erreurs que ses petits-enfants pouvaient commettre. Elle a compris que son propre comportement contribuait au fait que son petit-fils aîné, TJ, ne savait pas assumer ses responsabilités.

> *La situation est critique. Ils ont tous grandi en sachant faire la différence entre le bien et le mal, mais… mon Dieu… TJ s'enfonce de plus en plus. On dirait qu'il n'a jamais été puni. S'il avait des problèmes à l'école, il arrivait toujours à bien s'en sortir. J'ai essayé de l'amener dans la bonne direction, mais j'ai l'impression de ne pas l'avoir aidé. Quand il était plus jeune, tout ce qu'il avait à faire était de poser ses yeux magnifiques sur moi, et je me radoucissais. Mais maintenant, j'ai compris que ce n'était pas lui rendre service.*
>
> *Même s'il est devenu adulte, il essaie encore de m'amadouer, mais je ne réagis plus comme avant. Au contraire, je vais lui conseiller de prendre ses responsabilités. Je lui dis que je vais l'aider un peu, mais que je ne ferai plus les choses à sa place. Bien sûr, ce n'est pas ce qu'il a envie d'entendre. Un jour, il m'appellera pour me dire : « Je suis en prison, grand-maman », et je lui répondrai : « Je suis désolée de l'apprendre, mon chéri ». Je sais que je ne peux pas l'aider. Ce n'est tout simplement pas en mon pouvoir. C'est vraiment triste, parce que je l'aime profondément. J'espère qu'il finira par comprendre.*

Si le fait de céder fréquemment aux demandes de nos proches n'est pas bon pour eux, que faire à la place ? Comment leur prouver que nous les aimons sans en faire trop ? Prendre l'exemple du monde du travail pourrait nous aider à répondre à ces questions. Imaginons que vous êtes un comptable. Vous remplissez les déclarations de revenus de vos clients et vous vous occupez de leurs comptes. Vous devez les traiter avec respect et gérer leurs finances avec compétence et en vous conformant à la loi. S'ils ne vous remettent pas tous les renseignements dont vous avez besoin ou s'ils s'adonnent à des activités illégales sans que vous le sachiez, vous n'êtes en aucun cas responsable. Vous n'êtes pas responsable s'ils perdent leur travail ou leur famille. Vous aurez peut-être de la peine pour eux s'ils traversent des épreuves, et vous serez sans doute en colère ou frustré s'ils ne sont pas honnêtes avec vous, mais les conséquences de leurs choix ne vous regardent pas.

Il en va de même pour votre proche difficile. Vous pouvez vous intéresser à lui et être là pour le soutenir, mais ses décisions lui appartiennent. Il y a une expression qui dit que lorsqu'on s'en fait plus que la personne concernée par le problème, on devient une partie du problème.

Que ferez-vous si votre proche difficile s'expose, ou expose son entourage, à une situation dangereuse ? Quelle sera votre responsabilité ? Comment réagirez-vous s'il y a des enfants dans le tableau ? Ce n'est certainement pas leur faute s'ils ont une mère ou un père dérangés. Cela peut vous sembler radical, mais une situation d'enchevêtrement étant ce qu'elle est, elle ne peut que retarder l'inévitable.

Chaque être humain doit apprendre, à un moment, que ses actes ont des conséquences. Il s'agit d'un fait avéré. Si vous traversez devant une voiture qui roule à toute vitesse, vous serez blessé. Si vous buvez trop d'alcool, vous serez soûl. Si vous ignorez des personnes ou si vous leur criez dessus à répétition, elles finiront par être malades ou par s'en aller. Le fait de ne pas vouloir que ces situations difficiles soient vraies ne les empêche pas de le devenir.

Nous vous encourageons à prendre du recul et à examiner vos choix relativement à votre façon d'aider votre proche. Occupez-vous de vos problèmes, et laissez-le s'occuper des siens. Vous ne pouvez pas éternellement faire tampon entre son comportement et les conséquences de celui-ci. Et même si vous le pouviez, vous ne lui rendriez pas service en agissant ainsi. Plus vite il apprendra à gérer ses difficultés, mais aussi ses réussites, plus vite il deviendra un adulte responsable. Et vous n'en trouverez la sérénité que plus rapidement.

Qui puis-je changer?

Comme nous l'avons déjà mentionné plusieurs fois, une réalité déplaisante concernant le fait de changer les autres est que nous n'en avons pas le pouvoir. C'est impossible. Peu importe que votre proche difficile soit un menteur ou un tricheur, qu'il n'ait pas les idées claires, qu'il soit une victime ou qu'il vous rende fou, le fait est que vous ne pouvez pas le changer.

Ce qu'il y a de terrible là-dedans, c'est que c'est vrai. Mais c'en est également la beauté. C'est une merveilleuse vérité, parce qu'en l'acceptant, vous vous libérez de votre sensation d'être responsable des choix que font les autres.

Dans le prochain chapitre, nous allons examiner d'autres pensées concernant le lâcher prise. Pour terminer celui-ci, nous vous laissons avec la *Prière de la sérénité*, écrite en 1943 par Reinhold Niebuhr. Elle pourra vous guider dans les moments difficiles, comme elle l'a déjà fait pour tant de personnes.

> *Mon Dieu, donne-moi la sérénité d'accepter toutes les choses*
> *que je ne peux changer.*
> *Donne-moi le courage de changer les choses que je peux,*
> *Et la sagesse d'en connaître la différence.*

Voici une nouvelle version de cette prière, qui convient très bien au propos de ce chapitre, mais aussi de ce livre dans son ensemble :

> *Mon Dieu, donne-moi la sérénité d'accepter les personnes que je ne peux changer.*
> *Donne-moi le courage de me changer,*
> *Et la sagesse de savoir qui je suis.*

CHAPITRE 5

COMMUNIQUER AVEC UN PROCHE DIFFICILE

La communication peut créer ou briser des liens. Dans la relation qui l'unit à son fils Kyle, Nick manifeste une colère qu'il lui est impossible d'effacer après coup. Mais, il réussit à se remettre en question et à exprimer ce qu'il ressent une fois le calme retrouvé.

«Tu ne vas pas faire ça, Kyle! Comment peux-tu envisager un seul instant de laisser ton travail?» Nick était furieux, mais il essayait de maîtriser le ton de sa voix, car toute la famille était réunie dans le jardin pour la fête des Pères. C'était déjà le cinquième poste que Kyle quittait. Le visage en feu, il ajouta: «Et que fais-tu de ta famille? Elle a donc si peu d'importance pour toi? Il n'y a que ta petite personne qui t'intéresse, alors?»

Kyle lui répondit sur le même ton: «Tu es mal placé pour me donner des leçons. Tu ne penses qu'à l'argent, et tu te fiches complètement de moi ou de ma famille! Je n'en ai rien à faire de l'argent, et je me fous de ce que tu peux dire!» Kyle quitta la pièce en trombe et rejoignit sa famille dans le jardin, où il s'efforça de ne rien laisser paraître de son trouble.

De son côté, Nick était submergé par ses émotions. Il était en colère contre son fils, mais il se sentait également gêné par son propre comportement. Il décida donc de se calmer et de réfléchir plus posément à la situation. Puis, il sortit rejoindre Kyle, qui était en train de fumer une cigarette dans un coin. Il le regarda dans les yeux, cette fois-ci avec amour et non plus avec colère, et il lui dit: «Je suis désolé, mon fils. J'ai reporté sur toi mes propres inquiétudes. J'ai eu tort. Il faut que j'arrête de vouloir te contrôler. Tu as ta vie maintenant, et je dois l'accepter. Je suis désolé de m'être laissé emporter.»

Des larmes montèrent aux yeux de Kyle, et Nick prit son fils dans ses bras. C'était une sensation agréable, et même s'ils avaient toujours voulu partager cette intimité, ce n'était pas si simple. De mauvaises décisions et des émotions difficiles à gérer compliquaient souvent les choses. Mais cette fois-ci, c'était différent.

Dans cette histoire, il n'est pas facile de déterminer lequel des deux est la personne difficile. Est-ce Kyle, qui ne parvient pas à conserver un emploi, ou son père qui ne maîtrise pas sa colère ? Quoi qu'il en soit, Nick adopte deux comportements distincts à l'égard de son fils : il oscille entre la provocation et la tendresse. Dans son premier échange avec son fils, ses mots dépassent sa pensée. Il s'en prend à lui en l'agressant verbalement et en lui faisant toutes sortes de reproches. Lorsqu'il réussit à retrouver son calme, il arrête de reporter la faute sur son fils. Il lui confie ce qu'il ressent et reconnaît ses erreurs. On voit clairement ce qui leur a permis de se rapprocher.

Une communication efficace

Ce chapitre est consacré à la communication avec un proche difficile. Il s'agit d'une composante essentielle de toute relation, une sorte de lien invisible qui relie les gens et transmet leurs pensées et leurs sentiments. Notre façon de nous servir de ce lien de communication peut nous rapprocher ou, au contraire, nous éloigner les uns des autres.

La communication est un mélange d'inné et d'acquis. Elle nous vient de ce que nous ont inculqué nos parents, et autres personnes importantes, pendant notre jeunesse, et elle est influencée par les décisions que nous prenons en tant qu'adultes. C'est un sujet à la fois d'une grande complexité et d'une simplicité enfantine.

Tant que vous vous exprimez avec respect, vous avez le droit de dire ce que vous pensez. À partir du moment où vous partagez vos pensées avec sincérité et respect, vous n'êtes pas responsable des réactions et des sentiments des autres. Ils ne doivent s'en prendre qu'à eux-mêmes si leurs réactions sont disproportionnées. S'ils sont blessés ou en colère, ils ont la responsabilité de gérer leurs sentiments. Il en va de même pour toutes les personnes qui partagent votre vie.

Parfois, il pourra vous arriver de vouloir dire à votre interlocuteur des choses qu'il risque de ne pas apprécier. Les difficultés font partie de la vie, et il est parfois nécessaire de dire des vérités douloureuses. C'est une expérience qui s'inscrit intégralement dans l'existence humaine. Toutefois, c'est vous qui décidez comment vous direz ces vérités. Vous pouvez être agressif et irrespectueux, ou vous imposer avec respect.

L'objectif d'une communication saine est de formuler votre vérité avec honnêteté et assurance, même si votre interlocuteur n'aime pas ce qu'il entend. Si vous ne vous exprimez pas, vous devenez une victime que la peur incite à se renfermer. Ce genre de comportement profite aux manipulateurs. Si vous vous laissez aller à croire que vous êtes responsable des sentiments des autres, ceux-ci reporteront leurs problèmes sur vous. D'ailleurs, pourquoi ne le feraient-ils pas ? Si vous ne vous défendez pas, vous leur donnez implicitement la permission de vous faire toutes sortes de reproches.

Mise en garde

Il arrive que des proches difficiles agressifs s'en prennent physiquement à leur entourage. Si vous pensez être concerné par ce cas de figure, assurez-vous de n'être exposé à aucun risque de représailles avant d'exprimer le fond de votre pensée. Il vous faudra peut-être avoir recours à des policiers, des avocats, des professionnels de la santé mentale, d'autres membres de votre famille ou à d'autres personnes pour être en sécurité.

Gérer une relation avec un proche difficile agressif en faisant appel à des personnes extérieures est en soi une façon de s'imposer. En agissant ainsi, vous prenez la décision de ne pas subir d'affrontement. Dans la mesure du possible, évitez tout contact avec un proche difficile agressif jusqu'à ce que vous vous sentiez en sécurité.

Examinez vos pensées et sentiments

Vous devez avoir pris conscience de la teneur de vos pensées et sentiments avant de pouvoir communiquer efficacement avec votre proche difficile. Trop intenses, ils pourraient vous empêcher d'atteindre votre objectif si vous n'avez pas pris la peine de les examiner au préalable.

Avant d'entamer une conversation avec votre proche difficile, examinez vos pensées et sentiments. Ressentez-vous de la peine, de la peur, de la culpabilité, de la colère, du dégoût, de la déprime ? En voulez-vous à votre proche ? Avez-vous réfléchi à vos torts ? Faites-vous preuve d'ouverture d'esprit ? Prenez le temps de noter sur une feuille à part les émotions qui surgissent le plus souvent dans votre relation avec votre proche difficile. Inscrivez ensuite les pensées qui vous viennent fréquemment à l'esprit lorsque vous parlez avec lui.

Renoncez à croire que votre proche difficile finira par comprendre

Lorsqu'on voit un être cher répéter en permanence les mêmes erreurs, il est tout à fait naturel d'espérer qu'il finira par prendre de meilleures décisions. Par conséquent, vous serez probablement tenté de le rallier à votre cause et de le forcer à reconnaître ses erreurs ou à s'excuser pour son comportement.

Arrêtez d'attendre que votre proche difficile reçoive l'illumination. S'il n'est pas prêt, vous ne pouvez rien y changer, quel que soit votre pouvoir de persuasion. Arrêtez de croire qu'il va vous dire un jour : « Oh mon Dieu ! Tu as raison. Je comprends maintenant. Tu avais vu juste. »

Pendant des années, Angela a essayé de faire changer son mari, particulièrement distant avec elle. Il lui a fallu du temps pour comprendre qu'elle en était incapable.

> *Warren ne s'intéressait pas à ce que je faisais. J'essayais de le convaincre de m'accompagner à différents endroits, mais ça ne le tentait pas. Je me suis beaucoup déplacée pour assister à des mariages et à des enterrements, mais il n'est jamais venu avec moi. Des personnes que je connaissais depuis des années ne savaient même pas que nous étions mariés. D'une certaine façon, j'ai fini par vouloir le cacher, parce que je n'avais pas envie qu'elles le sachent. Il ne voulait rien avoir à faire avec qui que ce soit, et il ne participait pas à ma vie. Nous avons divorcé depuis.*

Angela a fini par renoncer à l'idée que Warren finirait par s'intéresser à sa vie, et elle a fait le choix de divorcer. Vous pourriez peut-être prendre la même décision, ou choisir une autre approche. Par exemple, vous pourriez décider de rester avec lui tout en menant votre vie en parallèle, en sachant qu'il n'en fera pas partie à certains égards. Quelle que soit votre décision, elle sera plus efficace si vous abandonnez l'idée que vous pouvez changer votre proche difficile. Prenez-le comme il est, protégez-vous de lui lorsque c'est nécessaire et faites de votre mieux pour l'aimer tel qu'il est. C'est de cette façon que vous pourrez profiter au mieux de la vie.

Passif, ferme, agressif

Quand les échanges avec leur proche difficile deviennent pénibles, les gens réagissent habituellement de deux façons : soit ils acceptent avec passivité tout ce que leur proche fait et dit, soit ils l'affrontent avec agressivité.

Celui qui fonctionne sur le mode passif ne dit pas ce qu'il pense, si bien que son entourage profite de lui. Bien que ce type d'individu ait souvent l'air heureux et bienveillant de l'extérieur, il est souvent habité par une grande colère. Il est en colère parce qu'il n'obtient pas ce qu'il veut, et il n'obtient pas ce qu'il veut parce qu'il n'en fait pas la demande. Un passif a souvent peur de dire ce qu'il ne faut pas, d'avoir trop de pouvoir sur les autres ou de les blesser, ce qui explique son mutisme.

Une personne agressive dit ce qu'elle pense, mais elle le fait avec trop de colère et pas assez d'écoute. Elle a tendance à forcer la main à son entourage et à le manipuler pour qu'il fasse ce qu'elle pense être juste. Elle n'accepte pas les refus. Même si la colère est ce qui la caractérise de l'extérieur, elle est habitée par une grande peur. Lorsqu'elle est frustrée par son incapacité à obtenir ce qu'elle veut des autres, il peut lui arriver d'exploser.

Il existe un troisième cas de figure, la fermeté. Une personne ferme exprime le fond de sa pensée. Elle manifeste du respect dans ses requêtes ; elle demande, mais elle n'exige pas. Elle défend ses intérêts avec calme et ouverture d'esprit, sans être tentée de se taire ou, au contraire, d'exploser.

Se taire, exploser, défendre ses intérêts

Il n'est pas inhabituel que les gens manifestent un comportement passif la plupart du temps, et un comportement agressif à l'occasion. Ainsi, ils se retiennent jusqu'au point où ils finissent par perdre leur calme. La raison : ils ne savent pas comment exprimer leurs sentiments, surtout lorsque ceux-ci sont intenses. Comme ils ne peuvent pas se taire indéfiniment, ils finissent par exploser. Il existe des indices, dans votre comportement, qui vous permettront de déterminer si vous êtes plutôt du style à vous taire (passif), à exploser (agressif) ou à défendre vos intérêts (ferme). Cette section vous aidera à les repérer pour que vous puissiez décider du comportement à adopter. Voyons maintenant quels indices correspondent à chacun des trois types d'expression.

Se taire

Vous êtes passif lorsque vous manifestez n'importe lequel des comportements suivants :

❖ Vous pensez à ce que vous voulez dire à votre proche, mais vous vous taisez de peur d'exploser, de dire ce qu'il ne faut pas ou de susciter une réaction trop vive.

❖ Vous faites des efforts pour votre proche, mais vous lui en voulez parce qu'il n'est pas capable de les apprécier ou parce qu'il profite de vous.

Exploser

Vous êtes agressif lorsque vous manifestez n'importe lequel des comportements suivants :

❖ Vous parlez avec vulgarité.

❖ Vous hurlez.

❖ Vous insultez une personne.

❖ Vous traitez une personne avec mépris ou vous refusez de lui parler.

❖ Vous proférez des menaces.

❖ Vous utilisez la force physique pour contrôler votre proche difficile (par exemple, vous le saisissez par le bras, le frappez, le poussez, le retenez contre sa volonté, tirez ses cheveux, l'empêchez de sortir, endommagez des objets qui lui appartiennent).

Défendre ses intérêts

Vous savez défendre vos intérêts lorsque vous manifestez n'importe lequel des comportements suivants :

❖ Vous faites part aux autres de ce que vous pensez et ressentez sans exiger qu'ils soient en accord avec vous.

❖ Vous demandez sans exiger.

La plupart d'entre nous ont tendance à adopter le même comportement la plupart du temps, tout en réagissant parfois de façons différentes. Un cas de figure courant serait une personne habituellement passive, mais qui peut également être agressive ou ferme par moments. Vous pourriez par exemple être ferme avec votre mari et passif avec votre patron. Ou encore être passif avec votre proche difficile la plupart du temps et devenir agressif en l'espace d'un instant.

Pour avoir de meilleures relations avec votre entourage, vous devez apprendre à déterminer quel est le comportement qui vous caractérise. L'exercice suivant pourra vous y aider. Répondez aux questions, et reportez-vous aux explications précédentes pour déterminer votre mode comportemental.

Je peux affirmer que je suis habituellement (encercler la réponse appropriée) passif, ferme, agressif avec mon proche difficile parce que je réagis souvent avec tels et tels comportements et pensées (écrivez-les sur une feuille à part).

Repensez à une situation dans laquelle vous avez adopté le comportement encerclé ci-dessus en réaction à votre proche difficile. Décrivez-la brièvement.

Écrivez maintenant ce qui, dans vos propos ou votre comportement, indique que vous avez été passif, ferme ou agressif à l'occasion de cet incident.

Repensez à ce que vous avez ressenti après cet incident. Imaginez ce que vous auriez ressenti si vous aviez été plus ferme. Comparez ces deux sensations.

Décrivez ce que vous auriez pu faire pour être plus ferme et moins passif ou agressif.

Exprimez le fond de votre pensée

Si vous éprouvez de la colère à l'égard d'une personne, dites-le-lui. Si vous souhaitez être remercié pour ce que vous avez fait, demandez-le. Si vous ne voulez pas faire quelque chose pour votre proche difficile, dites-le-lui. Si vous voulez avoir du temps pour vous, faites-en la demande. C'est votre droit et votre responsabilité de défendre vos intérêts.

Lorsque vous le faites, gardez à l'esprit que exprimez *votre* vérité, et non *la* vérité. Il est particulièrement important de vous en rappeler lorsque vous êtes en colère ou contrarié. Votre proche difficile possède sa propre vérité, son point de vue sur la situation, ses sentiments et ses opinions. Et c'est très bien ainsi. Dire le fond de votre pensée n'a rien à voir avec le fait d'avoir raison ou de forcer l'autre à abonder dans votre sens. Il s'agit plutôt de vous exprimer avec assurance, afin de pouvoir vous débarrasser des pensées qui vous pèsent et d'aller de l'avant.

Si, par exemple, votre proche difficile vous dit : «Tu me détestes, je le vois bien», ce n'est pas parce qu'il le croit que c'est vrai. N'hésitez pas à dire ce que vous pensez. Vous pourriez par exemple lui répondre : « Je n'aime pas que tu me dises comment je me sens. Mes sentiments m'appartiennent, et je ne te déteste pas.»

Imaginons que votre proche vous lance sur un ton insistant : « Il faut que tu viennes tout de suite. Je dois partir au travail et je n'ai personne pour garder les enfants.» Vous pourriez par exemple lui répondre : « C'est regrettable que tu n'aies personne pour les garder, mais ça ne m'arrange pas de faire ça maintenant. Je suis désolé de ne pas pouvoir t'aider.» Il y a deux vérités ici : la sienne et la vôtre. La vôtre n'est peut-être pas la seule qui existe, mais il est important que vous l'exprimiez, peu importe ce qu'en pense votre proche.

Pour vous assurer d'exprimer le fond de votre pensée de façon appropriée et avec fermeté, sans mauvaises intentions, dites ce que vous avez sur le cœur sans être vulgaire, sans crier, sans proférer d'insultes, sans menacer et sans avoir recours à la force physique. Si vous suivez cette directive et si vous appliquez les conseils ci-dessous relativement aux messages à la première personne, vous réussirez à défendre vos intérêts avec confiance. Vous serez alors en mesure de dire aux gens ce que vous pensez et comment vous vous sentez. Et vous pourrez leur formuler des demandes, en sachant qu'ils sont responsables de leur réaction.

Messages à la première et à la deuxième personne

Vous avez appris à déterminer si votre mode comportemental est plutôt passif, ferme ou agressif. Vous savez que vous taire ou exploser ne mène à rien. Vous savez que la fermeté est efficace et que, pour vous exprimer avec assurance, vous n'avez pas besoin de jurer, de crier, de proférer des insultes, de menacer ou d'avoir recours à la force physique.

Nous allons maintenant étudier en quoi consiste un langage ferme et efficace. Un mode de communication efficace est constitué de messages à la première personne, qui permettent à votre interlocuteur d'en apprendre plus sur vous – ce que vous ressentez, ce que vous pensez et ce que vous souhaitez. Malheureusement, il arrive trop souvent que l'on utilise l'autre mode de communication : les messages à la deuxième personne. Au lieu d'informer votre interlocuteur sur ce que vous ressentez, les messages à la deuxième personne mettent l'accent sur ce qui ne va pas chez lui.

Messages à la deuxième personne

Les messages à la deuxième personne ont tendance à être associés à des critiques et à des reproches. Ils entretiennent la peur et la vexation, et ils incitent votre interlocuteur à se mettre sur la défensive. Il peut s'agir par exemple de remarques telles que : «Tu ne m'écoutes pas», «Tu me rends fou avec tout ce bruit», «Tu ne me comprends vraiment pas» ou «Est-ce qu'il t'arrive de faire ce que tu dis ?»

Messages à la première personne

À l'inverse, les messages à la première personne sont positifs et puissants. Ils ne menacent pas et n'agressent pas l'interlocuteur. Ils entretiennent la compassion et l'écoute. Ils aident votre interlocuteur à être attentif et à poser des questions. Les messages à la première personne sont utiles pour entamer une conversation et pour créer un rapprochement.

Ils sont particulièrement efficaces lorsqu'il est question d'entamer une discussion sur un sujet délicat et de maintenir une conversation. Assurez-vous qu'il s'agit de messages brefs. Moins vous y mettrez de détails, moins votre proche aura de prise pour riposter. Efforcez-vous d'établir clairement ce que vous voulez et de vous concentrer sur ce mode d'expression. Vous pouvez par exemple utiliser des messages tels que : «Je suis contrarié que cette tâche n'ait pas encore été accomplie», «J'ai peur» ou «J'ai l'impression d'être soupçonné et ça me fait de la peine.»

Les messages à la première personne vous permettent d'exprimer vos sentiments de tristesse, de peur ou de contrariété (comme dans les exemples précédents) ainsi que de colère, de frustration, de déception, etc. Partager votre ressenti est une méthode très efficace qui en dit long sur vous. N'ayez pas peur de le faire, car il s'agit de ce qui est vrai pour vous, et pas seulement d'une simple opinion. Si, par exemple, vous transformiez le message de reproche «Tu ne m'écoutes pas» par un message à la première personne du style

« Je suis attristé de ce qui se passe entre nous », votre proche serait moins tenté de se mettre sur la défensive, et vous seriez assuré d'exprimer une vérité.

Les messages à la première personne se divisent en trois catégories

Les messages à la première personne véhiculent trois types d'information sur vous : ce que vous ressentez, ce qui vous contrarie et ce que vous voulez. Analysons chacune de ces informations.

Ce que vous ressentez. Dans cette première partie du message à la première personne, vous informez votre proche difficile de ce que vous ressentez. Dites-lui si vous êtes triste, en colère, effrayé, heureux ou autre. Les énoncés portant sur le ressenti pourraient par exemple être : « Il y a quelque chose qui m'attriste » ou « J'ai peur de te le dire. » Ne confondez pas sentiments et pensées. Exprimer ses pensées pourrait revenir à ceci : « Je trouve que tu es injuste avec moi » ou « Je n'aime pas que tu dises ça. » Vos messages à la première personne ne doivent pas inclure vos pensées à propos de votre interlocuteur.

Ce qui vous contrarie. Dans cette deuxième partie du message à la première personne, vous informez brièvement votre interlocuteur de ce à quoi vous réagissez. Vous pourriez dire par exemple : « Tu m'as dit que tu serais de retour à 6 h 30 et il est déjà 8 h 30 » ou « Cette semaine, je t'ai demandé à trois reprises qu'on discute de quelque chose, et on ne l'a toujours pas fait. »

Ce que vous voulez. C'est le moment de formuler votre requête. Par exemple, vous pourriez dire : « J'apprécierais vraiment que tu m'appelles pour me prévenir que tu rentres tard » ou « J'aimerais que tu mettes de côté ce que tu es en train de faire pour qu'on puisse parler ensemble. »

Combiner les trois parties

En combinant les trois parties du message à la première personne, vous obtenez un énoncé bref, ferme, sans être chargé de reproches. Voyez comment cela fonctionne dans les deux exemples suivants :

Exemple 1 :

Ce que vous ressentez : Quelque chose m'a mis en colère.

Ce qui vous contrarie : Tu m'as dit que tu serais de retour à 6 h 30 et il est déjà 8 h 30.

Ce que vous voulez : J'aimerais que tu m'appelles pour me prévenir que tu rentres tard.

Exemple 2 :

Ce que vous ressentez : J'ai un peu peur de te dire ça,

Ce qui vous contrarie : Cette semaine, je t'ai demandé à trois reprises qu'on discute de quelque chose, et on ne l'a toujours pas fait .

Ce que vous voulez : J'aimerais que tu mettes de côté ce que tu es en train de faire pour qu'on puisse en parler ensemble.

Vous êtes en droit de dire aux autres ce que vous ressentez, ce qui vous contrarie et ce que vous souhaitez. Ce n'est ni prétentieux, ni stupide, ni égoïste. Au contraire, c'est raisonnable, honnête et franc. Tant que vous défendez vos intérêts sans être vulgaire, crier, menacer ou utiliser la force physique, vous le faites avec fermeté et de façon appropriée.

Sur une feuille à part, élaborez pour élaborer un message à la première personne que vous pourrez utiliser en réaction au comportement frustrant de votre proche difficile. Choisissez-en un qui n'est pas très grave et qui risque de se reproduire de nouveau. Votre message doit contenir les trois parties mentionnées. Le découpage présenté ci-dessous pourra vous aider.

1. Je me sens un peu (émotion telle que la peine, la tristesse, le bonheur, la peur)...

2. parce que (brève description de ce qui s'est produit)...

3. et j'aimerais (description, en termes simples, de ce que vous souhaitez)...

Entraînez-vous à répéter plusieurs fois votre message à voix haute. Voyez de quoi il a l'air, et modifiez-le si nécessaire, jusqu'à ce qu'il vous convienne. Demandez à une personne fiable de vous faire des commentaires sur votre message. Ensuite, testez-le sur votre proche difficile. Gardez à l'esprit que votre message suit une évolution, et que, même s'il n'est pas parfait, le simple fait que vous n'en énonciez qu'un ou deux éléments pour commencer est un très bon début. Continuez à vous entraîner, et les messages à la première personne deviendront rapidement beaucoup plus naturels.

Sept suggestions infaillibles pour une meilleure communication

Lorsque vous communiquez avec votre proche difficile, les questions du *quand* et du *comment* vous dites les choses peuvent être aussi importantes que ce que vous avez à dire. Les sept suggestions vous permettront d'adopter un mode de communication ferme avec votre proche difficile, mais également avec le reste de votre entourage.

Laissez à vos émotions le temps de retomber

N'abordez pas de sujet délicat avec votre proche difficile si l'un de vous deux est en colère. Les émotions fortes ont tendance à éclipser la logique, et il est donc préférable de remettre ce genre de conversation à plus tard en attendant qu'elles se soient calmées. Proposez à votre proche de reprendre la discussion plus tard, et si celui-ci insiste, refusez calmement d'aller plus loin.

Demandez la permission de formuler des commentaires

Demander la permission avant de s'exprimer est une excellente technique pour entamer une conversation. Il est inutile que vous le fassiez tout le temps, mais si vous craignez que votre proche se mette sur la défensive ou réagisse avec colère à vos propos, demandez-lui sa permission avant de dire ce que vous pensez. Vous pourriez dire par exemple : « Beth, ça te dérange si je te dis quelque chose ? » ou « Alicia, je peux te poser une question ? »

Commencer une discussion de cette façon n'est pas un signe de faiblesse ou de peur. Au contraire, demander la permission avant de s'exprimer est une façon intelligente et respectueuse d'aborder des sujets délicats et a l'avantage de rendre votre interlocuteur plus réceptif à ce que vous avez à lui dire.

Il est possible que votre proche rejette votre demande. Vous devrez respecter sa décision. Si vous le forciez à aborder un sujet dont il ne veut pas parler, vous feriez preuve d'agressivité. Avec un peu de chance, il sera mieux disposé à un autre moment mais, si ce n'est pas le cas, vous ne pourrez pas y changer quoi que ce soit.

Validez les propos de votre proche difficile

Une façon efficace d'aider votre proche difficile à conserver son calme lorsqu'il s'adresse à vous consiste à valider ses propos au fur et à mesure. Ce n'est habituellement pas plus compliqué que d'acquiescer ou de répondre quelque chose comme : « Oui, je vois » ou « Je comprends ce que tu veux dire. » Parlez avec sincérité et confiance, en privilégiant le contact visuel. Ainsi, il saura que vous l'écoutez réellement. Laissez-le prendre la direction des opérations en l'écoutant parler.

Cette validation constitue une partie essentielle d'une bonne communication, et elle peut être utilisée sur une base fréquente. Mais le fait de valider ne signifie en aucun cas que vous êtes en accord avec ce qui est dit. Vous vous contentez de reconnaître que votre proche a exprimé une idée et que vous l'avez entendue. Il est important qu'il sache que vous l'avez entendu.

Restez dans le présent

Vous devez résister à la tentation d'évoquer des problèmes du passé. Il est possible que vous souffriez encore d'événements passés, surtout s'ils n'ont pas été résolus, mais les faire remonter à la surface ne servirait à rien, à moins que vous vous entendiez avec votre interlocuteur pour les aborder de façon constructive. Si c'est impossible, évitez le sujet. Si votre proche difficile évoque le passé, ramenez-le au moment présent. Ne le laissez pas vous entraîner sur ce terrain. Dites-lui plutôt avec calme et fermeté que vous n'avez pas l'intention de revenir sur le passé.

Ne vous éloignez pas du sujet

En général, les personnes difficiles savent très bien comment distraire les pensées de leur interlocuteur. Consciemment ou non, elles détournent la conversation en l'amenant vers des sujets qui n'ont rien à voir. Ne vous laissez pas piéger en les suivant dans leurs égarements car, si vous le faites, vous serez entraîné vers de nombreuses directions différentes, et vous finirez par vous sentir dépassé, par être furieux ou par perdre de vue votre objectif initial.

Si votre proche difficile continue à vouloir changer de sujet, envisagez de mettre fin à la discussion. Il vous reprochera peut-être de ne pas l'écouter ou de ne pas vous intéresser à lui (ce genre d'accusation est fréquemment invoqué par les personnes difficiles). Mettez fin à la conversation si vous en ressentez le besoin, et ne le laissez pas vous contrôler.

Appliquez la technique du disque rayé

La technique du disque rayée est très efficace pour rester dans le présent et ne pas s'éloigner du sujet en cours. Elle consiste à répondre à son interlocuteur en utilisant toujours les mêmes phrases ou mots en réponse à ses arguments. Le but est de vous répéter. Voici un exemple de conversation dans laquelle un père utilise cette technique pour parer aux tentatives de manipulation de son fils :

— Papa, j'ai besoin que tu me prêtes ta voiture parce que la mienne est morte.

— Je suis désolé mon fils, mais je ne peux pas parce que j'en ai besoin.

— Mais tu l'as prêtée à Jenny l'année dernière et j'en ai besoin maintenant.

— Je suis désolé, mais j'ai besoin de la voiture.

— Papa, tu ne m'écoutes pas, et il est évident que tu aimes Jenny plus que moi.

— Je suis désolé, mais j'ai besoin de la voiture.

Dans cet exemple, le père refuse de se laisser entraîner dans une dispute. Son fils est prêt à tous les coups bas pour mettre son père en colère ou pour qu'il se sente coupable et finisse par abandonner en disant : « D'accord, d'accord, prends la voiture ! » Mais il ne se laisse pas faire. Il applique la technique du disque rayé pour éviter un affrontement qui le détournerait de sa décision première et ne ferait que l'épuiser.

Laissez à votre proche difficile la possibilité d'avoir le dernier mot

Cette tendance à vouloir avoir le dernier mot me fait penser à ce que font les enfants sur un terrain de base-ball pour déterminer quelle sera la première équipe à avoir le bâton. Les deux capitaines doivent tenir le bâton à la verticale, et ils doivent remonter les mains chacun leur tour vers le haut du bâton, l'une au-dessus de l'autre. Le vainqueur est le dernier à mettre la main autour du bâton. Mais lorsque des adultes s'affrontent pour avoir le dernier mot, il n'y a pas de vainqueur ni de prix à gagner. Au contraire, tout le monde est perdant à ce jeu.

S'il est en colère, votre proche difficile pourrait par exemple mettre fin à la conversation en exigeant que vous fassiez ce qu'il veut. À partir du moment où vous n'acceptez pas de répondre à ses attentes, vous ne perdez rien en lui laissant le dernier mot. En fait, il se pourrait même que ce soit très utile, car le fait d'avoir le dernier mot procure aux personnes en difficulté un sentiment de sécurité dans un monde qu'elles ne peuvent pas contrôler. Laissez votre proche difficile avoir le dernier mot. Il en a probablement plus besoin que vous.

Vous avez toujours le choix

Dans ce chapitre, nous vous avons encouragé à examiner vos pensées, vos sentiments et vos comportements dans le cadre de vos échanges avec votre entourage. Vous avez analysé la différence entre le fait de se taire, d'exploser et de défendre ses intérêts, et vous avez pris connaissance des messages à la première personne et des sept suggestions formidables pour une meilleure communication.

En conclusion, pensez à ce qui va changer à partir de maintenant dans vos échanges avec votre proche difficile. Si les obstacles vous semblent insurmontables, rappelez-vous que vous n'êtes pas obligé de rester enfermé dans de vieilles habitudes, car vous avez toujours le choix. Il s'agit précisément du sujet du prochain chapitre, dans lequel vous aurez l'occasion d'examiner certains des nombreux choix qui s'offrent à vous et les moyens de les rendre efficaces.

CHAPITRE 6

LA DÉCISION VOUS APPARTIENT

Malik et sa nièce, Katy, avaient toujours été proches, et il était inquiet de voir la situation de celle-ci se dégrader. Katy et son mari s'étaient mis à boire plus que de raison, et elle manifestait une passivité qui ne lui ressemblait pas. Ils avaient déménagé à plusieurs reprises, et ils vivaient maintenant dans un appartement délabré que Katy prétendait trouver à son goût. Comme il s'inquiétait pour elle, Malik a encouragé sa nièce à se joindre à un groupe de soutien dont il avait entendu parler. Après quelques mois de cette thérapie, Katy lui a confié qu'elle était en train de prendre conscience de certaines choses, notamment le fait qu'elle avait le pouvoir de changer la situation si elle le souhaitait.

«Tonton, je suis heureuse que tu aies insisté pour que je me joigne à ce groupe.

– Ah oui ? Et pourquoi donc ?

– Au premier abord, ça ne m'a pas vraiment plu, mais je savais au fond de moi que tu avais raison, et qu'il fallait que les choses changent si je ne voulais pas que ma situation empire. D'une certaine manière, j'aimais bien mon petit monde tel qu'il était avant que je fasse partie de ce groupe. Disons que je n'aimais pas tout dans ma vie, mais je ressentais un certain confort. Enfin, ce n'est peut-être pas la meilleure façon de qualifier ma vie… Tu dois me prendre pour une folle, non ?

– Non ma chérie, pas du tout. Je te prends pour quelqu'un qui traverse une profonde remise en question, la rassura Malik.

– C'est difficile, mais j'ai la sensation que la situation est déjà en train de s'améliorer à la maison. Tiens, la semaine dernière par exemple, je désherbais le jardin, et Anthony est venu me dire : « Je veux manger. » Avant, je me serais immédiatement levée pour aller lui préparer le repas. Mais ce jour-là, je me suis contentée de lui sourire et de lui répondre : « Chéri, je préparerai le repas quand j'aurai fini de désherber. Il sera prêt vers 6 h. » Je lui ai dit ça sans méchanceté. Il m'a regardée avec un air surpris, et il est retourné devant la télé. Et l'autre jour, il m'a vraiment étonnée. En me réveillant, je lui ai dit : « Ça ne te dérangerait pas de faire le café ce matin ? Je n'ai pas envie de sortir du lit tout de suite. » Et il l'a fait !

– C'est formidable Kathy, je suis fier de toi ! Je commençais vraiment à me faire du souci pour vous deux. »

Le regard de Kathy se perdit dans le vide pendant un instant.

« Je sais, moi aussi je crois bien que j'étais inquiète. Je pense que ce qui s'est passé, c'est que j'ai commencé à remarquer que certaines choses ne me convenaient pas. Maintenant, j'ai compris que je pouvais peut-être changer ça. J'avais peur qu'Anthony me quitte, mais ça n'a pas été le cas. On est même devenus plus complices, et puis je suis aidée pour mon problème d'alcool. C'est une sensation étrange, mais agréable à la fois. C'est juste qu'avant je n'étais pas consciente d'avoir le choix. »

La nature et la perception des choix

Comme Katy, vous avez compris qu'il était possible de changer. Vous savez maintenant ce qui vous affecte – vous et votre proche – et vous vous êtes familiarisé avec la notion de lâcher prise – ce que c'est, comment l'appliquer et en quoi il peut vous aider. Vous avez réfléchi à différentes choses, et vous avez analysé votre situation et vos motivations. Mais que faire maintenant de toutes ces connaissances ?

144 CHAPITRE 6 *La décision vous appartient*

Commencez par reconnaître que vous avez le choix. Déterminez la nature des choix qui s'offrent à vous, en gardant à l'esprit que vous prenez des décisions chaque jour qui passe. Vous décidez quelle est votre couleur préférée, si vous mangez des carottes ou des brocolis, si vous parlez doucement ou en élevant la voix, si vous restez assis ou si vous vous levez, et ainsi de suite. Les choix de cette nature ont un côté automatique, mais ce n'est pas le cas de tous. Par exemple, si un enfant en train de courir vous bouscule, allez-vous sourire ou froncer les sourcils ? Cela est un choix. Lorsqu'un collègue de travail vous informe qu'il ne peut pas terminer à temps sa partie de votre projet commun, c'est vous qui décidez si vous voulez réagir avec patience ou colère. Peu importe ce que vous ressentez, vous pouvez répondre à votre entourage avec ou sans le sourire.

Vous avez peut-être l'impression de ne pas avoir ce choix avec votre proche difficile, en raison de la complexité de la situation ou du lien étroit qui vous unit. Il est également possible que vous n'aimiez pas l'idée de faire des choix. Et en admettant qu'au contraire cette idée vous plaise, savez-vous comment reconnaître les différentes options qui s'offrent à vous et en choisir une ?

Voici l'histoire de Bruce, qui s'est senti dépassé par sa situation pendant plusieurs années :

Pendant toutes ces années, la vie avec ma femme a été particulièrement difficile. Je ne savais jamais à quoi m'attendre quand je passais le seuil de la porte. Est-ce qu'elle allait être en forme et se comporter normalement, ou est-ce que j'allais la retrouver en train de pleurer ou de crier après les enfants ? Il était impossible de le prévoir. Il lui arrivait parfois de ne pas nous parler pendant plusieurs jours. Et son comportement pouvait changer en l'espace d'un instant. Je n'avais aucune idée de ce que je devais faire. Je ne pensais pas que des personnes dans notre situation pouvaient être aidées. Tout au moins, je ne savais pas où chercher cette aide. Nous avons fini par nous séparer, ce qui était un soulagement d'une certaine façon, mais ce n'est pas vraiment ce que j'aurais voulu.

Plusieurs facteurs contribuent à la sensation d'être dans une impasse. De nombreuses personnes ne savent pas vers qui se tourner, ou elles pensent :

❖ qu'elles n'ont pas le choix parce qu'elles doivent accepter ce que la vie (ou Dieu, ou le destin) leur a réservé ;

❖ qu'elles ne sont pas assez bien ou pas assez intelligentes pour pouvoir choisir ;

❖ que rien ne changera de toute façon ;

❖ qu'elles doivent prendre la « bonne » ou la « meilleure » décision chaque fois ;

❖ que lorsqu'une personne est gagnante, une autre est forcément perdante.

Ces croyances peuvent non seulement être la source d'une pression considérable, mais elles sont également injustifiées. Le fait d'avoir le choix n'a rien à voir avec la façon dont l'univers (ou Dieu ou le destin) fonctionne. Cela n'a rien à voir non plus avec ce que vous valez ou avec la durée de votre problème. Aucun être humain ne peut être sûr de faire le bon choix chaque instant de sa vie. Et heureusement, il est tout à fait possible d'être gagnant sans que cela se fasse au détriment d'une autre personne.

Le fait est que vous avez toujours le choix, même s'il s'agit de choisir entre deux options qui vous déplaisent. C'est vous qui décidez ce que vous ressentez, ce que vous pensez, ce que vous faites ou ne faites pas, et comment vous vous y prenez.

Pensez-y de cette façon : si une personne vous proposait de vous donner un fauteuil confortable, mais très laid, vous pourriez penser au premier abord que vous ne disposez que de deux choix, l'accepter ou le refuser. Mais vous avez d'autres options. Vous pourriez refuser le fauteuil, l'accepter et l'utiliser (dans le sous-sol, par exemple), l'accepter et le donner ou le vendre, ou l'accepter et le transformer pour qu'il vous plaise.

En abordant chaque situation avec ouverture d'esprit, vous prenez conscience de toutes les possibilités qui vous ont peut-être échappé jusque-là. Dans tous les cas, il est souvent agréable de savoir qu'une situation recèle d'autres aspects que ceux que vous avez envisagés de prime abord. Vous disposez chaque instant de votre vie, du pouvoir de faire des choix.

Les décisions importantes

En ce qui concerne votre situation avec votre proche, vous avez plusieurs décisions à prendre par rapport à votre mode de pensée, et à votre façon de gérer vos sentiments, de vous comporter et de vous exprimer. Analysons maintenant quelques-uns des choix qui pourraient s'offrir à vous, et réfléchissons à ce que vous pourriez en faire.

Rester ensemble ou rester éloigné… ou les deux ?

Parmi les personnes qui ont un proche difficile, certaines ont la sensation de ne pas avoir de marge de manœuvre et de ne disposer que de deux options possibles : rester avec lui ou s'en tenir éloigné. Si vous vous êtes déjà posé la question, vous savez qu'il s'agit d'un choix douloureux.

Mais avant de prendre cette décision, vous devez comprendre qu'il existe d'autres options à envisager. Celles-ci, que nous allons présenter dans les sections suivantes, pourraient vous permettre de mener une vie plus sereine et épanouie avec, ou sans, votre proche. Si vous n'avez jamais envisagé de fermer la porte à votre proche, vous pouvez vous servir des idées et techniques proposées dans ce chapitre pour améliorer votre ressenti, vos pensées et votre comportement. Mais pour le moment, essayons plutôt d'y voir plus clair dans les trois options proposées dans le titre de cette partie : rester ensemble, rester éloigné ou les deux en même temps.

Rester éloigné pour un moment ou pour de bon

Lorsqu'une relation est difficile, on peut décider à un moment donné de « rendre notre tablier ». Nombreux sont ceux qui finissent par prendre cette décision lorsque la souffrance qui accompagne la relation pèse plus lourd que la peur d'y mettre fin. C'est rarement une décision facile à prendre. Mais vous faites de votre mieux, et il est possible que la rupture soit votre meilleure solution de rechange à un certain moment. Cela dit, l'éloignement peut prendre plusieurs formes différentes.

Une solution moins catégorique que la rupture permanente est la séparation temporaire. On parle ici de n'importe quel proche difficile, et pas seulement d'une relation amoureuse. Si l'un de vos proches a un comportement problématique et que vous avez la sensation d'avoir tout essayé, il vous est possible de vous en distancer temporairement. Appliquez les conseils suivants pour évaluer votre situation :

1. **Réfléchissez** à ce qui motive votre envie de rompre. Vous êtes peut-être épuisé, vous avez des problèmes de santé, vous voulez envisager la relation d'un autre point de vue, vous avez d'autres préoccupations qui exigent votre attention, votre situation financière est préoccupante, etc.

2. **Pensez** à ce que vous allez faire pour y voir plus clair par rapport à cette personne et à votre situation. Comptez-vous demander conseil, lire des ouvrages sur le sujet, prier, tenir un journal, vous joindre à un groupe de soutien, faire une retraite ?

3. **Décidez** quel type de contact vous voulez avoir avec votre proche. Si vous souhaitez rester en contact avec lui, décidez lequel de vous deux doit en faire la demande, à quelle fréquence et pour quelles raisons.

4. **Déterminez** la durée de la séparation. Ce qui importe est que vous disposiez de suffisamment de temps pour y voir clair. Vous pouvez très bien modifier ce délai si vous le souhaitez.

5. **DÉCIDEZ** si vous souhaitez imposer votre décision à votre proche ou si vous êtes prêt à discuter avec lui des termes de cette séparation.

6. **INFORMEZ** votre proche difficile de votre décision et de votre plan seulement si vous le souhaitez. Vous n'êtes pas obligé de vous justifier si vous ne le voulez pas.

7. **ALLEZ JUSQU'AU BOUT** de votre plan. Rappelez-vous que ce n'est qu'un plan, et non une loi. Mais essayez quand même de le respecter dans la mesure du possible, pour vous donner la possibilité d'y voir plus clair.

8. **ÉVALUEZ VOTRE PLAN.** Pendant et après la séparation, interrogez-vous sur ce que vous ressentez, sur ce qui va mieux et sur ce qui va moins bien. Dresser une liste des « pour » et des « contre » peut vous aider à faire le tri dans les pensées et sentiments qui émergent de cette expérience. Il pourrait également vous être bénéfique de parler de la situation avec une personne de confiance. Si c'est possible, et si cela peut aider, parlez de ces changements avec votre proche difficile.

Si vous décidez de prendre du recul, utilisez cette période d'éloignement pour vous reposer et pour réfléchir objectivement à l'influence que votre proche difficile peut avoir sur vous et sur le reste de son entourage. Laissez-vous la possibilité de savourer le soulagement, la joie, la paix et tous les autres sentiments positifs qui pourraient surgir pendant cette période. Analysez attentivement les efforts que vous avez déployés par le passé pour aider votre proche, et essayez de déterminer lesquels se sont révélés utiles.

Rester ensemble : plusieurs variantes

La décision de rester avec votre proche difficile peut être aussi pénible à prendre que celle de la rupture. Les questions que vous devez vous poser sont les mêmes, mais l'issue est différente. Vous pourriez prendre du recul et décider finalement de rester et de continuer à faire des efforts. Ou vous pourriez ne jamais vous éloigner et décider de rester. Aucun choix n'est « mieux » ou « moins bien » que l'autre. Il s'agit simplement de *votre* choix.

Imaginons que vous décidiez de rester. Et ensuite ? Différentes options s'offrent encore à vous. L'une d'entre elles consiste à continuer sur le même chemin, à entretenir la même relation avec votre proche difficile et à obtenir les mêmes résultats. Prendre la décision de laisser les choses comme elles sont constitue un choix en soi.

Une autre variante consiste à essayer de nouvelles méthodes. Vous avez peut-être pris connaissance de nouvelles attitudes et idées grâce à ce livre, ou grâce à un ami ou à un conseiller. Ou peut-être êtes-vous simplement convaincu qu'il doit y avoir un meilleur moyen. Si vous le souhaitez, vous pouvez trouver de nouveaux moyens d'envisager votre proche difficile et de communiquer avec lui.

Ce qui est efficace et ce qui ne l'est pas avec les personnes difficiles

Toutes les relations sont influencées par divers facteurs, notamment le niveau d'intimité entre les personnes, le regard que chacune porte sur elle-même et leur mode de communication. Cette section vous aidera à comprendre deux dynamiques importantes qui pourraient avoir des répercussions sur vous et sur votre proche difficile.

Individu ou rôle

De toute évidence, votre proche difficile est un être qui vit et qui respire. Il n'est pas différent de toutes les personnes que vous rencontrez chaque jour. Il a sa propre perspective du monde, et il a ses réussites, ses luttes, ses espoirs, ses rêves et ses peurs. S'il n'était qu'un inconnu pour vous, il passerait inaperçu. Pour ceux qui ne le connaissent pas, il n'est qu'un client, un autre passager dans les transports en commun ou une autre personne sans identité.

Cela dit, ce n'est pas un inconnu pour vous, et parce qu'il est proche de vous, il ne passe pas inaperçu. La relation que vous entretenez avec lui lui confère un rôle dans votre vie, une fonction qu'il se doit de remplir. Au Chapitre 2, vous avez pu lire que certaines attentes de la société permettaient de maintenir l'ordre. Il en va de même pour les rôles que l'on attribue aux gens ou que ceux-ci s'approprient. Malheureusement, les rôles qui aident à maintenir l'ordre et la prévisibilité sont parfois ceux-là mêmes qui restreignent les individus censés les remplir.

Par exemple, il n'est pas rare que les membres d'une famille s'attendent à ce que les autres agissent d'une certaine façon. Les petits garçons doivent faire ceci, les jeunes femmes font toujours cela et les personnes âgées ne font jamais ceci ou cela. Bien que de tels rôles puissent fournir une stabilité essentielle, ils ont également le pouvoir d'enfermer les gens dans des fonctions, des relations et des attentes qui peuvent se transformer en prisons pour toutes les personnes concernées.

Où se situent vos choix ? Vous pouvez décider de porter un regard différent sur votre proche et sur vous-même, afin d'améliorer votre relation et l'image que vous avez de vous-même, ce qui facilitera le processus de lâcher prise. Cela ne revient pas à rejeter votre proche, mais à l'envisager avant tout comme l'adulte qu'il est, et non comme un ami ou un membre de votre famille. Si vous gardez à l'esprit qu'il s'agit d'un adulte qui a sa propre vie à mener, il vous sera beaucoup plus facile de limiter vos attentes à son égard et de lui rendre la liberté qui lui revient. L'exercice suivant vous aidera à vous détacher des problèmes de votre proche difficile.

Imaginez que vous avez un voisin avec lequel vous êtes en bons termes. Vous vous saluez quand vous vous croisez, et il vous arrive parfois de vous prêter un outil ou une tasse de sucre, mais votre relation ne va pas plus loin. Vous découvrez qu'il a un problème grave, et vous avez de la peine pour lui, mais vous n'iriez jamais jusqu'à lui donner des conseils. Vous ne perdriez probablement pas le sommeil à cause de sa situation.

Vous déciderez peut-être de prier pour lui ou de lui offrir un soutien amical de voisinage, mais vous ne vous impliqueriez probablement pas dans les détails de sa vie.

Pensez aux sentiments que vous éprouveriez à l'égard de ce voisin. Que lui diriez-vous s'il se mettait à pleurer alors que vous êtes en train de discuter devant votre maison ? Que diriez-vous sur lui et sur sa situation à d'autres personnes ? Notez ces sentiments et commentaires sur une feuille à part.

Maintenant, fermez les yeux et visualisez votre proche difficile. Portez attention à l'endroit où il se trouve – salon, bureau, etc. Dans votre esprit, « déplacez-le » vers une maison de votre quartier. Imaginez qu'il est le voisin dont nous venons de parler. Entraînez-vous à penser à lui de la même façon que vous l'avez fait pour votre voisin. Imaginez la distance qui existe entre vos maisons et vos vies. Gardez à l'esprit qu'elle ne signifie en rien que vous ne l'aimez pas ou que vous ne souhaitez pas son bonheur. Elle signifie simplement vous n'êtes pas enchevêtré dans les détails de sa vie.

Reconnaissez qu'il n'est pas de votre responsabilité de régler ses problèmes. Redonnez-lui sa liberté, ou priez pour lui si vous le souhaitez. Prenez conscience que la meilleure façon d'aider les gens est en les laissant se débrouiller par eux-mêmes, comme vous le faites avec votre propre vie. En prenant un peu de distance, vous aurez moins l'impression que votre proche vous dépouille de votre énergie, et vous serez en meilleure forme pour affronter une crise éventuelle.

Cette façon de réfléchir au lien qui vous unit à votre proche fait partie de l'apprentissage du lâcher prise. C'est vous qui décidez du regard que vous voulez porter sur votre proche – souhaitez-vous le considérer comme une personne que vous voulez aider coûte que coûte ou comme un individu qui peut faire ses propres choix et a sa propre vie à mener ? Et sachez que vous pourrez lui manifester votre amour quelle que soit votre décision.

Responsabilité ou reproche

Il est possible qu'un des aspects les plus difficiles du lâcher prise soit de déterminer la responsabilité de chacun dans votre relation. Il peut être très délicat de laisser à l'autre sa part de responsabilité et de reconnaître la nôtre dans ce qui s'est passé. Quoi qu'il en soit, il s'agit d'une étape essentielle sur le chemin de la sérénité.

Pour commencer, il est important de distinguer la responsabilité du reproche. La première implique que les adultes ont la charge de leurs propres pensées, sentiments et actions. Même une personne qui souffre d'une déficience intellectuelle peut être responsable de ses décisions, dans la mesure de ses capacités. Le fait d'être responsable de soi-même ne signifie pas que vous devez tout faire seul ou que vous n'avez pas le droit de commettre des erreurs, mais qu'il est dans votre pouvoir de déterminer les pensées, sentiments et comportements que vous souhaitez renforcer.

Imaginez que vous venez d'apercevoir une photo de votre proche difficile sur votre étagère et que surgisse dans votre esprit la pensée : « Il est vraiment stupide. » Cette idée apparaît peut-être de façon impromptue, mais ce sera à vous de décider ce que vous souhaitez en faire. C'est ce qu'est la responsabilité – décider de ce que vous allez faire à propos de vos sentiments, pensées et comportements.

Le reproche quant à lui provient en grande partie de l'idée que se fait une personne à propos de ce qui devrait ou ne devrait pas se passer. Au Chapitre 2, vous avez pu voir que le reproche consistait à pointer le doigt vers une personne – ou vers soi-même – en l'accusant d'être à l'origine du problème. Le reproche a besoin d'un bouc émissaire qui portera le poids des situations problématiques. Il se trouve que l'être humain est incapable d'entretenir deux idées en même temps dans son esprit ; ainsi, si vous êtes trop occupé à faire des reproches à quelqu'un, vous ne pouvez pas examiner adéquatement vos propres pensées, sentiments et comportements pour déterminer de quelle façon vous pouvez améliorer la situation.

Lorsque vous acceptez votre part de responsabilité pour vos réactions et pour vos choix, vous allez de l'avant. Vous pouvez alors investir votre précieuse énergie dans des solutions positives, au lieu de vous préoccuper de ce que quelqu'un d'autre aurait pu ou aurait dû faire.

Comment décider des choix à faire

C'est bien beau de savoir que vous avez le choix de vos sentiments, de vos pensées et de vos comportements, mais comment pouvez-vous déterminer quelle est la meilleure décision ? Inutile de tourner autour du pot, vous ne le pouvez pas. Personne ne le peut. Quelqu'un pourrait vous dire ce qu'il pense être le mieux, mais il ne sait pas plus que vous s'il est dans le vrai ou pas. Vous devez vous contenter de faire de votre mieux pour y voir plus clair et agir en conséquence. Parfois, il est préférable de tout essayer que de rester bloqué dans une situation.

Pensez aux approches que vous avez déjà tentées avec votre proche difficile. Réfléchissez à ce qui n'a pas fonctionné, et décidez d'agir différemment la prochaine fois. Il serait absurde de reproduire des comportements qui ne sont pas efficaces en espérant qu'ils donneront de meilleurs résultats la fois suivante. Pensez-vous que vous continueriez à vous asseoir sur une chaise dont le pied ne cesse de se casser, malgré vos nombreuses tentatives pour le réparer ? Bien sûr que non. Ce serait absurde.

Les suggestions que nous allons maintenant vous proposer vous seront utiles lorsque vous voudrez gérer différemment votre relation avec votre proche difficile. Pour l'exemple ci-dessous, imaginez que vous avez décidé d'arrêter de vouloir régler tous les problèmes de votre père.

1. **Commencez par dresser une liste de vos comportements d'enchevêtrement.** Imaginons que vous avez l'habitude de :

❖   ne pas aller travailler pour vous occuper de lui lorsqu'il a trop bu la veille ;

❖   prendre sa défense devant les autres ;

❖   vous assurer qu'il prend bien ses médicaments ;

❖   lui rappeler ses différents rendez-vous.

2. **Rayez les comportements que vous n'êtes pas prêt à changer.** De cette façon, votre liste sera moins longue. Imaginons que vous rayez deux de ces comportements.

❖   ~~Ne pas aller travailler pour vous occuper de lui lorsqu'il a trop bu la veille.~~

❖   Prendre sa défense devant les autres.

❖   ~~Vous assurer qu'il prend bien ses médicaments.~~

❖   Lui rappeler ses différents rendez-vous.

3. **Choisissez un seul comportement.** Réduisez encore la liste en ne choisissant que le comportement auquel vous êtes prêt à vous attaquer dès maintenant. Imaginons que vous décidez d'arrêter de défendre votre père devant les autres.

4. **Fixez-vous des étapes.** Le comportement que vous avez choisi peut être décomposé en plusieurs parties. Dressez une liste des personnes auprès desquelles vous avez tendance à défendre votre père. Commencez par modifier votre comportement avec l'une d'entre elles. Vous choisirez peut-être votre meilleur ami, en sachant qu'il vous préviendra si vous reprenez

votre vieille habitude. Lorsque cette démarche vous sera plus facile, étendez-la à d'autres personnes de la liste, jusqu'à ce que vous ne soyez plus tenté de prendre la défense de votre père systématiquement.

Appliquez ces conseils pour les comportements d'enchevêtrement ou de reproche que vous souhaitez changer.

Il est payant de faire des choix

En prenant des décisions différentes sur la façon dont vous allez vous comporter avec votre proche, vous risquez de provoquer en vous toutes sortes d'émotions, y compris certaines dont vous auriez préféré ne pas faire l'expérience. Comment allez-vous gérer cet aspect du processus ? Les suggestions suivantes vous seront utiles :

❖ Donnez-vous la possibilité de modifier votre état d'esprit et vos sentiments. Il arrive que ce soit la meilleure chose à faire lorsque les circonstances, ou lorsque votre perception, changent.

❖ De temps à autre, prenez du recul pour évaluer la situation. Que se passe-t-il ? Comment vous sentez-vous ? Quels sont les éléments qui vous aident et ceux qui vous nuisent ? Confiez-vous à un proche qui vous redonnera confiance et vous fera profiter d'un regard différent sur la situation. Si les choses ne se passent pas comme vous l'auriez voulu, prenez conscience qu'il ne s'agit pas d'un échec, mais d'une occasion d'en apprendre plus et de pouvoir réfléchir sur ce que vous souhaitez ressentir à cet égard.

❖ Sachez apprécier vos efforts et vos réussites ainsi que les leçons tirées de vos expériences.

❖ Trouvez-vous un exutoire. Écrivez dans un journal ou parlez à une personne de confiance.

Vous en savez plus sur les choix qui s'offrent à vous, sur les façons de mieux gérer un proche difficile et sur les moyens de faire de meilleurs choix lorsque vous essaierez d'appliquer le lâcher prise. Penchons-nous maintenant sur deux autres approches qui visent à améliorer votre relation avec votre proche. Il s'agit d'éliminer quatre mots de votre vocabulaire et de préparer psychologiquement votre entourage à votre nouvelle façon de vous exprimer.

Quatre mots qu'il est préférable d'oublier

Votre mode de pensée influence votre façon de parler et vice-versa – si vous modifiez votre façon de parler, votre mode de pensée habituel changera. Les quatre mots ci-dessous devraient être éliminés de votre vocabulaire, car ils ont tendance à renforcer la pensée négative. Au lieu de vous concentrer sur ce qui ne va pas chez une personne, vous commencerez à porter attention à ce que vous appréciez chez elle. Ainsi, vous adopterez un état d'esprit plus positif, et il vous sera plus facile de lâcher prise.

Toujours et jamais

Que de provocation dans ces mots ! « Tu es toujours en train de crier ! », « Tu ne ramasses jamais tes affaires ! » Même si les comportements des autres vous rendent fou, le fait est qu'il est quasiment impossible pour qui que ce soit de ne *jamais* ou de *toujours* faire quelque chose.

Une des améliorations les plus simples que vous puissiez apporter à votre comportement à l'égard de votre proche difficile est d'éliminer « toujours » et « jamais » de votre vocabulaire. Même s'il vous arrive souvent d'être en retard à vos rendez-vous, pourriez-vous dire que vous êtes *toujours* en retard ? Probablement pas. Est-il vrai que votre partenaire amoureux ou votre ami ne sait *jamais* apprécier vos efforts ? C'est peu probable. En vous débarrassant de ces deux petits mots, vous modifiez instantanément vos modes de pensée et de communication pour les rendre plus positifs et réalistes.

Essayer

La plupart du temps, le verbe « essayer » dissimule une excuse qui peut être invoquée lorsque les choses n'ont pas fonctionné comme prévu. « J'ai essayé d'être plus patient, mais il est vraiment énervant ! » ou « J'ai essayé de ne plus lui donner d'argent, mais il ne pourra plus s'acheter à manger si je ne l'aide pas. » Souvent, l'emploi de ce verbe implique que la personne concernée n'a pas assez de pouvoir pour changer. Pour renverser la situation, éliminez-le de votre vocabulaire et contentez-vous d'énoncer ce que vous ferez ou ce à quoi vous vous attendez. Par exemple, remplacez « Je vais *essayer* d'arrêter de lui dire ce qu'il doit faire » par « Je vais arrêter de lui dire ce qu'il doit faire ». Selon vous, lequel de ces deux énoncés a le plus de poids ?

Avez-vous le pouvoir de contrôler ce que vous dites et ce que vous faites ? Bien sûr que oui ! Alors, assumez la responsabilité de vos décisions, en sachant qu'il est inutile de vouloir être parfait. *Faites* ce que vous avez décidé, et ne vous contentez pas d'essayer.

Devoir

Ce mot est chargé d'attentes et de reproches, au même titre que « toujours » et « jamais ». « Ils auraient dû se méfier », « J'aurais dû servir le repas plus rapidement », « Il devrait passer plus de temps avec sa femme. » Qu'est-ce qui justifie un tel discours ? Une personne peut-elle savoir mieux qu'une autre ce que celle-ci « doit » faire pour manifester son amour, être un partenaire attentif ou n'importe quoi d'autre ? Et en admettant que vous ayez raison, à quoi cela servira-t-il de pointer un doigt accusateur vers cette personne ?

En apprenant à supprimer le verbe « devoir » de votre vocabulaire, vous libérez votre cœur et votre esprit des jugements, et vous vous donnez la possibilité d'envisager une situation telle qu'elle est et de faire vos propres choix – indépendamment des pensées, des sentiments et des comportements des autres.

L'exercice suivant vous permettra de vous entraîner à éliminer de votre vocabulaire ces termes peu recommandés. Réécrivez les énoncés suivants sur une feuille à part sans utiliser le terme en italique. Pour vous servir de modèle, le premier énoncé a été transformé de deux façons.

Il me dit *toujours* ce que je dois faire.	Il lui arrive très souvent de me dire ce que je dois faire OU Je n'aime pas qu'il me dise ce que je dois faire.
Je ne te donnerai plus *jamais* d'argent.	
Je déteste la façon que tu as de *toujours* me crier après.	
J'*essaie* de faire preuve de fermeté avec elle.	
S'il vous plaît, *essayez* de ramasser vos affaires à partir de maintenant.	
Il *devrait* me dire où il va.	
Tu *ne devrais pas* dépenser ton argent de cette façon.	

Ensuite, inscrivez d'autres énoncés qui incluent les termes « toujours », « jamais », « essayer » et « devoir », et que vous pourriez avoir tendance à utiliser avec votre proche difficile. Ensuite, réécrivez-les dans la colonne de droite en employant un langage plus positif et plus fort.

Le fait de reformuler les phrases que vous avez tendance à prononcer régulièrement est un très bon moyen de vous préparer à communiquer plus efficacement avec votre proche difficile.

Préparation psychologique

Il est parfois très difficile de se changer, et lorsque ce changement affecte notre entourage, la situation est encore plus compliquée. Votre proche difficile (et les autres personnes qui font partie de votre vie) peut ressentir un certain inconfort, ou vous en vouloir, si vous parlez et agissez différemment de ce à quoi il était habitué jusque-là. Et vous pourriez vous sentir coupable d'être responsable de sa réaction. Par conséquent, avant d'apporter certains changements à votre comportement, il serait peut-être avisé de préparer psychologiquement votre entourage.

Imaginons par exemple que vous donniez de l'argent à votre frère tous les mois, même si vous lui en voulez d'en dépenser beaucoup dans ses sorties nocturnes et dans ses tenues vestimentaires. Vous vous êtes souvent disputé avec lui à propos de son style de vie et de l'utilisation qu'il fait de votre argent.

Vous avez donc décidé de changer votre méthode, car vous avez pris conscience que vous étiez dans une situation d'enchevêtrement à son égard. Vous voyez qu'il est parfaitement capable de se débrouiller seul parce qu'il est adulte. Vous comprenez également que la façon dont il dépense son argent ne vous regarde pas, même si elle lui nuit, même si vous la désapprouvez. Par conséquent, vous avez décidé de diminuer votre niveau de stress en arrêtant de lui donner de l'argent et en le laissant mener sa vie comme il le souhaite.

Grâce à cette préparation psychologique, vous informez votre frère de votre décision avant de passer à l'acte. Vous pouvez lui expliquer comment vous en êtes arrivé là, mais vous n'êtes pas obligé de le faire. Vous l'informez que vous allez arrêter de critiquer ses choix, même s'il peut vous arriver de déraper par moments. Vous lui dites que vous allez arrêter de lui donner de l'argent, et vous lui précisez à partir de quand. C'est vous qui décidez si vous souhaitez arrêter instantanément ou progressivement, mais le fait de préparer votre proche vous permet de réduire l'impact de votre décision sur lui et sur votre relation. Cette préparation psychologique peut également vous permettre de diminuer votre sentiment de culpabilité.

Vous devez garder à l'esprit que, même si vous avez pris la peine de le préparer psychologiquement, votre proche pourrait quand même vous en vouloir. Mais ce n'est pas votre problème, et c'est en dehors de votre contrôle. Le but de la préparation psychologique est de vous permettre de vous sentir mieux et de donner le temps à votre proche de se préparer à la nouvelle situation. Vous n'avez pas à vous assurer qu'il sera en accord avec vous.

C'est en forgeant qu'on devient forgeron

Vous allez maintenant pouvoir prendre des décisions en connaissance de cause, mais il vous faudra garder à l'esprit que celles-ci ne sont que ce qui vous apparaît comme la meilleure solution à un moment précis. Acceptez chacune de ces décisions comme ce qu'il y a de mieux à faire dans l'instant présent.

Envisagez vos choix sous un angle différent. Peu importe ce qui s'est passé jusqu'à présent, vous avez la capacité et la créativité nécessaires pour dépasser vos réactions habituelles. Vous pouvez apprendre de nouvelles méthodes et faire ce qui vous semble le mieux. Vous pouvez décider d'être serein au lieu d'être passif, silencieux et non réduit au silence, conscient de votre valeur sans être égoïste, direct sans être critique et solide au lieu d'être rigide. C'est vous qui décidez.

CHAPITRE 7

LA FAMILLE ET LES AMIS

Notre famille et nos amis peuvent être des alliés formidables lorsqu'il est question de gérer un proche difficile. Malheureusement, il arrive que les problèmes causés par celui-ci soient tellement intenses que même les familles les plus saines et les plus solides éprouvent de grandes difficultés à les résoudre.

Dans l'histoire que nous allons vous présenter, Jim et sa fille, Mélanie, ont une conversation à propos d'Henry, qui est le fils de Jim et le frère de Mélanie. Henry, 37 ans, a deux jeunes enfants de deux mères différentes. Il ne s'est jamais marié et il ne participe pas à la vie de ses enfants. Il a été arrêté plusieurs fois par la police, il est toujours au chômage et il lui arrive de disparaître pendant plusieurs mois.

Jim vient juste d'avoir une promotion à son travail, et il a très envie de partager la bonne nouvelle avec sa fille mais, à l'instant où il arrive chez lui, celle-ci sort de la maison pour aller à sa rencontre.

« Papa, Henry s'est fait arrêter hier soir. Je ne sais pas exactement ce qui s'est passé. Il m'a fait promettre de ne rien te dire mais il fallait que je t'en parle.

— Ne t'en fais pas, tu es ma fille et tu ne m'as jamais rien caché. Mais le comportement d'Henry est tellement frustrant. Pourquoi faut-il toujours que ces choses arrivent quand ma vie va bien ? Je n'ai jamais de répit.

— Je sais, papa, lui répond Mélanie, mais s'il apprend que je t'en ai parlé, il sera furieux. Et si je ne le fais pas avec toi, je n'ai personne à qui en parler. Je me retrouve prise en sandwich entre vous deux. J'aurais préféré ne pas savoir ce qui lui arrive. Je ne veux pas que lui ou toi soyez en colère contre moi. Qu'est-ce que je suis censée faire ?

– Mélanie, je ne suis pas en colère contre toi. Je suis juste contrarié qu'Henry te confie des choses en exigeant de toi que tu les gardes secrètes. Sa situation est déjà assez problématique ; il ne l'arrange pas avec ses secrets et ses petits jeux. En plus, ta mère en sera très contrariée si on ne lui en parle pas. Mais si on le fait, elle ira directement le voir, et il voudra forcément savoir qui lui a révélé son secret. Et s'ensuivra une dispute interminable sur qui a dit quoi, ce qui ne résoudra en rien la situation. Je suis fatigué de tout ça.»

S'entraider entre membres de la famille et entre amis

Dans l'exemple précédent, Jim et sa fille font face au comportement manipulateur de leur proche difficile. Ils ressentent de la peur et de la colère à son égard, mais ils parviennent à s'entraider en se parlant avec honnêteté et en exprimant leur ressenti.

Lorsque des membres d'une famille et des amis sont dans de bonnes dispositions, ils communiquent avec honnêteté et ouverture d'esprit. Ils écoutent ce que les autres ont à dire. Ils cherchent un terrain d'entente au lieu d'un bouc émissaire, et ils apportent tous leur contribution à la résolution du problème.

Parfois, il peut être très difficile de coopérer avec notre famille et nos amis, mais ce n'est pas impossible. Ce chapitre explore les différentes façons de s'y prendre. Il est important de noter que les concepts et techniques présentés ici s'adressent à une famille et à des amis aimants et bienveillants, mais ils s'avèrent tout aussi efficaces avec n'importe qui.

Si vous souhaitez que les membres de votre famille coopèrent davantage entre eux, il vous faudra peut-être mettre les choses en route. Commencez par en parler avec ceux qui vous semblent les plus réceptifs. Envisagez même de ne choisir qu'une personne en qui vous avez confiance. Une fois que vous avez obtenu son soutien, évoquez la possibilité de partager vos idées avec les autres.

Tout au long de ce processus, il est habituellement plus important que tout le monde s'entende sur l'aspect de la collaboration que sur les détails de ce qui doit être fait avec votre proche difficile. Savoir écouter les autres et travailler dans un esprit d'équipe est de loin préférable à tous les aspects pratiques.

Conversations intentionnelles

Les conversations intentionnelles permettent de collaborer efficacement avec notre famille et nos amis. Elles servent à deux choses :

❖ aboutir à une issue précise pendant ou après la discussion ;

❖ se comporter d'une certaine façon pendant la discussion.

Pour prendre un exemple de conversation intentionnelle, nous pourrions nous inspirer d'une discussion échangée entre un mari et sa femme, relativement à l'argent que celle-ci donne à leur fille, qui est une personne difficile. Imaginons que la mère donne de l'argent à sa fille en cachette, sans le dire à son mari, car toutes les discussions qu'ils ont eues sur le sujet se sont soldées par des disputes.

Pour mettre fin aux disputes et obtenir de meilleurs résultats, essayez de pratiquer la conversation intentionnelle. Celle-ci permet tout d'abord d'aboutir à une issue précise pendant ou après la discussion. Il pourrait même y en avoir plusieurs. Dans cet exemple, une issue appropriée serait que la mère accepte de ne parler d'argent avec sa fille que lorsque son mari est présent, sans pour autant arrêter de l'aider financièrement.

Le fait d'adopter un comportement particulier pendant la discussion contribue également à aboutir à l'issue – ou aux issues – désirée. Dans cet exemple, la personne qui amorce la conversation pourrait vouloir garder son calme ou écouter l'autre avec plus d'attention ou exprimer plus clairement le fond de sa pensée.

Gardez à l'esprit que le fait de mener une conversation avec intention ne vous rend pas responsable de ses résultats ni de la façon dont les autres se conduisent. Vous pouvez influencer ces éléments, mais vous n'en êtes pas responsable. C'est votre propre comportement que vous devez assumer, et les conversations intentionnelles vous permettent de décider ce que doit être ce comportement. Les points suivants vous aideront à mener une conversation intentionnelle efficace.

Avoir une bonne connaissance de soi

Un élément essentiel d'une bonne communication est la connaissance de soi. Examinez les pensées, les sentiments et les comportements qui vous caractérisent lorsque vous discutez avec une personne. L'objectif de cette prise de conscience est de déterminer les sentiments sur lesquels vous devez travailler au lieu de les laisser prendre le dessus.

Comprendre ce que les autres traversent

Soyez conscient de ce que les autres membres de votre famille traversent. Il y a de fortes chances pour que vous ne viviez pas la même chose. Essayez de vous mettre à leur place. Réfléchissez à l'influence que votre proche difficile peut avoir sur eux.

Parler ouvertement

Les conflits se nourrissent des secrets, alors parlez ouvertement et souvent avec les membres de votre famille. C'est un bon moyen d'éviter la manipulation de votre proche difficile. Laissez votre famille exprimer son point de vue. Il pourrait s'agir d'idées intéressantes auxquelles vous n'aviez pas pensé. Vous pourriez ne pas être toujours en accord avec eux, mais vous vous devez de respecter leurs opinions. En agissant ainsi, il y a plus de chances pour qu'ils aient envie de collaborer avec vous.

Informer les autres des événements

Tenez-vous mutuellement au courant de l'évolution des choses dans la famille. Si votre proche difficile se retrouve encore dans une situation délicate, informez-en votre famille proche. Ne partez pas du principe qu'elle en sait autant que vous.

Ne confondez pas le partage d'informations avec le commérage. Le commérage est un bavardage cruel et malveillant qui reflète le manque de confiance et de sincérité de la personne qui le pratique. Un partage d'informations doit être un processus ouvert et honnête au profit de tous les membres de la famille.

Être positif

Parlez de ce qui va bien dans la famille plutôt que de ce qui va mal. Cherchez les points positifs, et parlez-en. Il est facile d'être négatif, surtout si les autres membres de la famille le sont également. Mais la négativité vous dépouille de votre énergie et de la confiance que vous placez dans votre capacité à résoudre les problèmes et à communiquer efficacement. Restez aussi positif que possible.

Être honnête et direct

Il faut du courage pour prendre la parole lorsque ce que nous avons à dire va à l'encontre de l'opinion des autres. Mais à long terme, vous communiquerez beaucoup mieux avec votre famille si vous faites preuve d'honnêteté. Les demi-vérités et les petits mensonges érodent la confiance. Une communication honnête et directe permet aux différents membres de la famille d'apprendre à se faire confiance et d'être eux-mêmes plus honnêtes et ouverts.

Être flexible

Soyez ouvert à de nouvelles idées. Si un membre de votre famille a quelque chose à dire, écoutez-le au lieu de vouloir n'en faire qu'à votre tête. Si vous avez essayé une technique à plusieurs reprises et qu'elle n'a pas fonctionné, ouvrez-vous à la possibilité qu'il en existe d'autres. Assurez-vous de fixer vos limites pour ne pas être utilisé ou maltraité par les autres, mais sachez également être flexible.

Ne pas tirer de conclusions hâtives

Les charpentiers ont un vieil adage selon lequel il faut mesurer deux fois avant de couper, ce qui signifie que l'on peut éviter les erreurs en faisant preuve de précision et d'attention. Si vous entendez dire que votre proche difficile ou un autre membre de votre famille a encore des problèmes, assurez-vous d'en savoir plus avant d'agir. Déterminez la source de cette information. Écoutez tous les «sons de cloche». Rassemblez toutes les données et écoutez attentivement avant de parler ; vous pourriez ainsi vous éviter un conflit ou une situation très embarrassante.

Se soutenir réciproquement

Proposez votre aide à votre famille et à vos amis, et sollicitez leur soutien lorsque vous en avez besoin. Ne laissez pas vos divergences avec les membres de votre famille ou votre proche difficile vous éloigner. Serrez-vous les coudes et soutenez-vous les uns les autres, même si vous n'êtes pas d'accord sur tout.

Toutes les familles font face à des difficultés. Les familles les plus stables se soutiennent pour mieux les traverser. La vôtre aussi en est capable. Servez-vous de ces principes dans toutes vos discussions. Montrez l'exemple et aidez les membres de votre famille à se rapprocher.

Vous pouvez en apprendre plus sur la dynamique qui règne au sein de votre famille en faisant l'exercice ci-dessous. Écrivez les phrases qui décrivent le mieux vos forces et vos faiblesses, ainsi que celles qui caractérisent les autres membres de votre famille. Vous pourriez parler de vos modes de communication, de vos différences de caractère, de votre dévouement familial ou d'autres caractéristiques qui affectent vos relations familiales. Inscrivez vos phrases sur une feuille à part à partir des trois exemples. Si vous avez d'autres idées, notez-les dans votre journal.

Forces	Faiblesses
Tante Sally est une force tranquille.	Je ne sais pas dire non à mon frère.
Mon frère est plus ouvert à la discussion ces derniers temps.	Ma mère et ma sœur ne se parlent plus depuis des années.
J'apprends à être plus calme.	Mon père est trop méfiant avec son entourage.

Maintenant, pensez seulement à vous et décrivez sur cette même feuille une ou deux de vos forces les plus précieuses. Écrivez ensuite ce que vous pourriez faire pour les utiliser au profit de votre famille. Imaginons par exemple qu'une de vos forces soit «Je suis très optimiste»; vous pourriez l'utiliser en décidant: «Quand mon frère se met à dévaloriser ma sœur, je mets en avant ce qu'il y a de positif en elle.»

Décrivez ensuite une faiblesse sur laquelle vous pourriez travailler si vous le décidiez. Notez ensuite en quoi vous pourriez la modifier. Par exemple, votre faiblesse pourrait être: «Je réagis de façon disproportionnée chaque fois que j'entends le nom de ma belle-fille.» Vous pourriez ensuite décrire de quelle façon vous comptez vous y prendre pour modifier votre comportement: «Lorsque j'entendrai son nom, je m'efforcerai de ne pas faire de grimaces, de ne pas être sarcastique ou de ne pas lui mettre les autres personnes à dos. Je sais au fond de moi qu'en réagissant avec calme, je permets à ma famille de ne pas avoir à prendre parti.»

Utilisez ce que vous avez compris en faisant cet exercice pour modifier vos relations avec les autres. Si vous pensez pouvoir le faire, partagez vos prises de conscience avec les autres membres de votre famille. Servez-vous de vos forces et travaillez à vos faiblesses.

Surmonter les obstacles en s'entraidant

Comme nous l'avons vu au début de ce chapitre avec l'histoire de Jim et Mélanie, les personnes difficiles peuvent faire des dégâts au sein d'une famille. Une de leurs techniques consiste à vouloir que leur confident cache au reste de la famille les secrets qu'elles leur ont révélés. Les secrets nourrissent la colère et la méfiance, ils portent atteinte à la qualité de la communication et ils créent des ruptures entre les êtres humains. C'est particulièrement vrai si les membres de la famille ont déjà leurs problèmes personnels.

Pour relever les défis d'une relation avec un proche difficile, il est nécessaire de faire preuve de discernement, de savoir communiquer efficacement et d'être prêt à faire les efforts nécessaires. Si les membres de votre famille s'entraident, les défis seront moins difficiles à relever. Certains membres de votre famille pourraient ne pas coopérer avec vous pour plusieurs raisons. Parmi les plus courantes, on trouve les suivantes :

❖ Ils sont dans une situation d'enchevêtrement ou de détachement par rapport à votre proche difficile.

❖ Ils ont vécu des conflits ou leur confiance a été ébranlée par le passé au sein de la famille.

❖ Ils envisagent le problème et la solution sous un angle différent du vôtre.

❖ Les conseils qu'ils reçoivent d'autres membres de la famille entrent en conflit avec les vôtres.

❖ Ils redoutent la colère des autres membres de la famille ou de votre proche.

❖ Ils ne veulent pas changer leurs habitudes.

❖ Ils considèrent qu'en s'associant à vous ils trahissent les autres.

> Pour mieux comprendre ce qui peut freiner votre famille, décrivez quels sont, selon vous, les principaux obstacles à surmonter.

Étant donné que vous ne pouvez pas contrôler ce que font les autres, vous ne parviendrez probablement pas à surmonter tous les obstacles qui se dressent devant votre famille. Mais un cœur bienveillant, une communication ouverte et des décisions saines vous seront d'une aide précieuse.

Pour surmonter les difficultés qui nuisent à l'harmonie familiale, assurez-vous de toujours vous exprimer avec honnêteté et respect, et de garder votre calme. Encouragez les autres membres de votre famille à exprimer leurs pensées et leurs sentiments, mais ne vous laissez pas entraîner dans des disputes. Utilisez les messages à la première personne et évitez ceux à la deuxième personne. Affirmez que votre objectif n'est pas de faire les choses à votre manière et de prouver que vous avez raison, mais plutôt de coopérer, d'instaurer la confiance et de surmonter les problèmes.

Ingrédient de base d'une bonne communication : l'écoute

L'écoute est une composante essentielle d'une bonne communication. Plus votre proche se rend compte que vous l'écoutez attentivement – même lorsque vous n'êtes pas d'accord avec lui –, plus il sera réceptif à vos idées.

Dans le monde du travail, la communication est une méthode qui permet principalement de transmettre des informations pour qu'une tâche soit effectuée. Les sentiments sont habituellement secondaires, et souvent même considérés comme gênants. Au sein de la famille, les sentiments et la bienveillance sont au moins aussi importants que le « travail » qui doit être exécuté. Ainsi, la communication ne permet pas uniquement de transmettre une information, mais c'est également un outil qui permet de créer une intimité émotionnelle.

Au Chapitre 5, nous avons parlé de l'utilité des messages à la première personne. Penchons-nous maintenant sur les deux aspects d'une bonne écoute.
Le premier concerne votre langage corporel, et le second repose sur l'écoute
interactive. L'écoute interactive permet à vos proches de savoir que vous vous
intéressez à eux, et il diminue également les risques de conflit.

Langage corporel

Les expressions de votre visage et les mouvements de votre corps envoient
de nombreux signaux à votre proche relativement à la qualité de votre
écoute. En étant conscient de ces signaux, vous pourrez communiquer plus
efficacement. Les comportements suivants sont des exemples de langage corporel qui révèlent à votre interlocuteur que vous l'écoutez. Apprenez à les
adopter lorsqu'un membre de votre famille s'adresse à vous.

❖ Posez votre journal, éteignez la télévision et débarrassez-vous des
   éventuelles sources de distraction.

❖ Faites face à votre proche.

❖ Regardez-le dans les yeux.

❖ Acquiescez pour montrer votre intérêt.

❖ Assurez-vous de garder les mains immobiles.

❖ Évitez de quitter votre proche du regard pendant la conversation.

Écoute interactive

L'écoute interactive consiste à... écouter de façon interactive. La moitié de
cette écoute consiste à porter attention à la signification plus profonde de
ce que vous dit votre interlocuteur, et l'autre moitié, à lui répondre par des
phrases qui lui prouvent que vous êtes attentif.

Il est possible que les paroles de votre proche ne soient pas l'expression exacte de ce qu'il veut dire, mais plutôt des indices sur les pensées et les sentiments qui se dissimulent derrière les mots.

Imaginons par exemple que votre proche vous dise «Je te hais». Gardez à l'esprit que ses paroles sont influencées par sa colère. Au lieu d'en être affecté et de réagir avec votre propre colère ou votre peine, conservez votre calme. Répondez-lui d'une des façons suivantes: 1. Donnez-lui votre avis sur ce qu'il pense et ressent. 2. Répétez certains des mots qu'il a prononcés. Ces deux réactions lui permettront de se sentir compris et accepté. Or, s'il se sent compris, il y aura de fortes chances pour qu'il reste calme et soit moins en recherche d'affrontement. Dans cet exemple, il est probablement en colère, alors vous pouvez répondre en lui disant simplement: «Je sais que tu es en colère.»

Il est possible que ses paroles aient dépassé sa pensée en raison de l'intensité de ses émotions. Grâce à l'écoute interactive, vous pouvez voir au-delà de ses propos et réagir à ses pensées et à ses sentiments. Ne l'affrontez pas pour savoir s'il vous hait, et ne réagissez pas de façon excessive en lui disant que vous le haïssez aussi.

Ne lui dites pas non plus que vous l'aimez. Aussi sincère votre amour soit-il, il y a des moments où ce genre de paroles peut alimenter la colère d'une personne, car celle-ci peut avoir l'impression que vous essayez de lui démontrer votre supériorité – en vous posant comme la personne aimante parfaite, alors qu'elle, de son côté, a perdu le contrôle. Si elle est submergée par ses émotions, elle ne sera pas en mesure de recevoir votre manifestation d'affection. Au lieu de lui dire que vous la haïssez ou que vous l'aimez, répondez-lui avec une phrase basée sur l'écoute interactive.

Avec l'écoute interactive, vous pouvez réagir aux pensées et aux sentiments qui se cachent derrière ce que votre interlocuteur veut bien vous montrer, et vous l'entraînez vers un niveau de communication plus profond. Décryptez son langage corporel et ses propos pour en savoir plus sur ses pensées et ses sentiments. Est-ce qu'il a l'air en colère, effrayé, nerveux, triste ou heureux ? Imaginez ce que vous penseriez ou ressentiriez si vous étiez dans sa situation.

Lorsque vous lui répondez, assurez-vous de ne pas adopter un ton ironique, léger ou culpabilisant. Parlez-lui sur un ton neutre. Vous ne devez pas non plus être excessivement compatissant ou inquiet. Un tel comportement peut être interprété comme de la faiblesse ou, au contraire, comme de la supériorité. Démontrez-lui votre intérêt, mais n'en faites pas trop. Votre but est de lui faire comprendre, par la conversation, que vous êtes à l'écoute de ses besoins profonds.

Vous trouverez ci-dessous des idées de réponses à formuler en réaction aux propos d'un proche contrarié.

Propos de votre proche	Réponses basées sur l'écoute interactive
C'est stupide, je ne le ferai pas.	Tu m'as l'air en colère. ou Je vois que tu es contrarié.
Je laisse tomber. Je me fiche de ce que tu vas faire.	Tu as l'air triste. ou Tu me sembles être découragé.
J'en ai marre de devoir tout faire pour les autres.	J'ai l'impression que tu ne trouves pas ça juste. ou Tu as la sensation de devoir faire tout le travail.
J'en ai assez d'être gentille. Alberto ne m'écoute pas et il se fiche de ce que je pense.	Tu en as assez. ou On dirait que tu es en colère contre Alberto.

Lorsque vous communiquez sur le mode de l'écoute interactive, veillez à laisser des temps de pause à la fin de vos phrases. Si le silence vous met mal à l'aise, cet exercice vous semblera peut-être difficile, mais il s'agit d'une composante essentielle de l'écoute interactive. Ces silences donnent à votre proche du temps pour penser et pour ressentir.

Si votre proche souhaite vous répondre, il le fera. Et s'il n'en a pas envie, c'est très bien aussi. Le silence lui permet de se plonger dans ses pensées sans se sentir obligé de vous répondre. Cette méthode peut l'aider à être plus calme.

Répondez avec des affirmations et non des questions

Vous avez peut-être remarqué que les réponses proposées ci-dessus se présentaient toutes sous la forme d'affirmations. Une grande partie du pouvoir de l'écoute interactive réside dans cette caractéristique. Les questions donnent à votre proche la sensation d'être soumis à un interrogatoire au lieu d'être écouté. Il est même possible qu'il les considère comme de la curiosité mal placée. Les questions ne lui laissent pas le temps de ressentir les choses et elles le tirent de cette phase de réflexion avant qu'il soit prêt sur le plan émotionnel.

Par exemple, si un proche vous semble déprimé et que vous lui demandez : « Est-ce que tu es triste ? », vous le sortez d'un état de ressenti et vous le plongez dans un état de réflexion pour qu'il puisse vous répondre. Or, il n'est peut-être pas prêt à ça. Par contre, en lui disant « Tu as l'air triste », vous vous contentez de lui faire part de ce que vous avez remarqué. Votre phrase ne nécessite pas de réponse. Mais elle l'informe que vous vous intéressez à lui.

Les phrases basées sur l'écoute interactive ne vous servent pas à affirmer que vous êtes d'accord avec votre proche ou qu'il a raison. Elles sont seulement là pour confirmer qu'il pense ou qu'il ressent certaines choses – et que vous l'écoutez. Cet aspect est très important.

Les questions ne posent pas de problème si elles portent sur l'heure du dîner ou sur ce que votre proche pense du film que vous venez de voir. Mais les conversations qui portent sur des sujets émotionnels se passeront mieux si vous employez des affirmations.

Vous allez maintenant pouvoir vous entraîner à utiliser ces énoncés. Lisez les phrases de la colonne de gauche, et essayez d'y répondre dans la colonne de droite, en vous inspirant de l'écoute interactive. Nous vous avons facilité la tâche en vous proposant trois exemples. Lorsque vous inscrirez votre réponse, rappelez-vous d'utiliser des affirmations qui expriment ce que vous pensez à propos du ressenti ou de la pensée de votre proche, ou qui reprennent certains des éléments de sa phrase.

Propos de votre proche	Votre affirmation basée sur l'écoute interactive
Je déteste que Sam se moque de moi !	J'ai l'impression que tu es vexé.
Pourquoi devrais-je aider Jeanette ?	Tu ne veux pas aider Jeanette.
Virginia ne va jamais me rappeler.	Tu as l'air de t'inquiéter qu'elle ne te rappelle pas.

Dans les trois exemples suivants, nous avons fait une partie du travail pour vous. Terminez les phrases.

Je me fiche complètement de ce que pense maman.	Tu as l'air_____.
Je ne veux plus jamais parler à papa.	Tu es vraiment _____ contre papa.
Je déteste tonton Joe ; il est tellement égoïste.	Tu penses que tonton Joe _____.

Écrivez les phrases complètes.

Je suis terrifié à l'idée de tenir tête à ma fille.	
Je ne suis bonne à rien. Je laisse tomber.	
Il se fiche bien de savoir si je suis vivant ou mort.	

Assurez-vous que vos réponses sont aussi courtes que celles des exemples. Vous aurez peut-être la sensation de devoir en dire plus, mais ce n'est pas le cas. Ces courtes affirmations valident les pensées et les sentiments de votre proche sans soulever d'autres sujets, avec lesquels il pourrait être en désaccord. Vous pouvez y avoir recours à plusieurs reprises dans une même conversation, en vous assurant que vos réponses restent courtes.

Prenez garde à ne pas tomber dans le piège de la dispute. Considérez les mots que prononce votre proche comme des indices, et non des faits. Acceptez son état, et appliquez les techniques d'écoute interactive pour l'aider à se calmer et à se sentir compris.

La famille et les amis ensemble

Il n'est pas toujours facile de coopérer avec sa famille et ses amis, mais les avantages à le faire ne sont pas négligeables. Travailler ensemble à un objectif commun permet de gérer les problèmes plus facilement et de les résoudre plus vite. Avec cette entraide, vous recevez du soutien lorsque vous en avez besoin, et vous vous sentez moins seul. Lorsque vous utiliserez les techniques de conversation intentionnelle et d'écoute interactive, vos interlocuteurs seront plus enclins à coopérer avec vous, et il vous sera plus facile d'exprimer le fond de votre pensée.

Nous allons maintenant nous pencher sur le sujet intéressant des limites, des négociations et des contrats. Il s'agit de techniques et de concepts interactifs qui vous aideront à maintenir vos efforts pour apprendre à lâcher prise.

CHAPITRE 8

LIMITES, NÉGOCIATIONS ET CONTRATS

Tara, 34 ans, est atteinte de trouble bipolaire. Sa sœur, Jessie, de 12 ans son aînée, a pris l'habitude de prendre soin d'elle depuis leur enfance – même si Tara n'en demandait pas autant. Tara a la sensation de ne pas s'en être trop mal sortie malgré sa maladie. Elle est intelligente, elle possède sa voiture et son appartement, et elle n'a pas eu de crise majeure depuis un bon moment. Récemment, Tara a demandé à sa sœur de lui prêter de l'argent, mais Jessie lui a répondu qu'elle n'accepterait qu'à certaines conditions.

Cette réponse ne satisfait pas Tara, qui laisse exploser sa colère :

« Comment ça, tu veux gérer mon argent ? J'ai un travail, j'ai seulement besoin de 200 dollars que je te rendrai dans quelques mois. Pourquoi est-ce que tu passes ton temps à vouloir contrôler tout ce que je fais ? Ça ne te plaît pas que j'aille au cinéma, tu ne veux pas que je me maquille et tu me dis avec qui je dois sortir. Ça fait des lustres que je n'ai pas eu de problèmes, alors pourquoi tu ne me laisses pas tranquille ?

– C'est faux Tara, je ne veux pas contrôler tout ce que tu fais. J'essaie juste de te donner des conseils de grande sœur et de t'aider. Tu sais que tu manques parfois de stabilité, et tu as déjà eu des problèmes d'argent par le passé, alors j'essaie juste de m'assurer que tu ne te retrouveras pas encore dans une situation délicate. Si tu veux m'emprunter de l'argent, il faudra que les choses se fassent à ma façon. Tu devras me donner tes factures et ton chéquier pour que je puisse gérer ton budget.

– C'est complètement stupide ! Je ne suis plus une enfant, Jessie, mais tu sembles penser que tu peux diriger ma vie. Ce n'est pas parce que j'ai un trouble bipolaire que je suis idiote, tu sais. Et ça ne fait pas de toi mon médecin ou mon banquier. Si tu ne veux pas me prêter d'argent, pas de problème. J'irai voir quelqu'un d'autre.»

Vous vous sentez peut-être plus proche de Tara ou de Jessie, à moins que vous ne soyez en mesure de comprendre les deux points de vue, mais le fait est que la relation qui unit ces deux sœurs aurait besoin d'être améliorée. Ces deux femmes ont fait de leur mieux pour s'aimer, tout en menant leur vie séparément. Néanmoins quelques divergences persistent encore, et il leur serait très profitable d'appliquer les méthodes présentées dans ce chapitre.

Limites, négociations et contrats

Ce chapitre vous aidera à mettre en pratique les méthodes que vous avez apprises jusqu'à présent. Il vous sera plus facile de communiquer, de lâcher prise et de faire des choix si vous pouvez déterminer clairement ce que vous voulez et ne voulez pas relativement à votre relation avec votre proche difficile.

Les limites, négociations et contrats dont il est question concernent les «règles» d'interaction avec n'importe quel ami ou membre de votre famille. Elles permettent de définir le rôle de chacun et de renforcer les relations, et elles peuvent être utilisées séparément ou ensemble, en fonction de la situation et des personnes concernées.

Une limite entre deux personnes est similaire à une limite entre deux propriétaires : elles instaurent toutes les deux une frontière. De telles limites permettent d'informer les autres de ce que vous êtes prêt à faire et à accepter. Elles se fondent sur vos croyances, vos capacités, vos préférences et vos choix. Les limites que nous fixons doivent nous permettre de nous sentir bien dans nos relations avec les autres, sans que cela se fasse à leur détriment. Il n'y a pas de bonne ou de mauvaise façon de s'y prendre, l'essentiel étant de déterminer ce qui vous convient et ne vous convient pas, tout en respectant les autres.

La négociation est une discussion qui vise à atteindre une entente, que ce soit entre des pays ou entre les membres d'une même famille. Elle implique une réciprocité, et elle repose sur l'idée que les deux parties (ou toutes les parties) ont des besoins, des préférences et des choix valables.

Au sein d'une relation personnelle, un contrat est habituellement une sorte d'entente informelle dans laquelle deux personnes au moins établissent clairement ce que l'autre fera ou ne fera pas. Dans le reste de ce chapitre, nous allons vous expliquer de quelle façon les limites, les négociations et les contrats peuvent améliorer vos relations.

Limites

Nombreuses sont les personnes qui ne savent pas comment elles doivent s'y prendre pour établir une certaine distance avec leur proche difficile et avoir un peu de répit. Si vous fixez vos limites, vous vous sentirez moins vulnérable, et votre entourage saura plus facilement jusqu'où vous êtes prêt à aller. Elles se divisent en deux parties:

1. Ce que vous pourriez et ne pourriez pas faire, notamment:

   ❖ Je me refuse à mentir pour couvrir quelqu'un.

   ❖ Si on me rend trop de monnaie dans un magasin, j'en fais la remarque.

   ❖ Même si mes neveux crient après moi, je refuse de leur rendre la pareille.

2. Ce que vous accepteriez et n'accepteriez pas des autres, notamment:

   ❖ Je dénoncerais un collègue de travail qui aurait des gestes déplacés à mon égard.

❖ Si le chien de mes voisins fait des dégâts dans mon jardin, j'irai leur en parler.

❖ Si mon partenaire amoureux se met à m'injurier, je lui dis qu'il est allé trop loin et je quitte la pièce.

Vous n'êtes pas obligé d'être en accord avec les limites des autres, et ceux-ci ne sont pas obligés d'aimer les vôtres. Vos limites reposent sur vos idéaux et sur votre désir de vous protéger. Il ne s'agit pas d'ériger un mur entre vous et les autres, mais simplement de les informer de ce que vous êtes prêt, et n'êtes pas prêt, à faire.

Pour mieux comprendre ce phénomène, imaginons ce que signifierait de ne pas avoir de limites définies. Dans cette situation, les gens auraient tendance à :

❖ dire oui lorsqu'ils pensent non, et vice-versa ;

❖ faire pour les autres des choses qu'ils désapprouvent ;

❖ s'écraser ;

❖ passer leur temps à se défendre ou à justifier leur choix.

Si vous vous retrouvez dans ces énoncés, vous n'avez pas à vous en faire, car il existe plusieurs façons de se fixer des limites solides, à commencer par reconnaître celles que vous avez déjà mises en place.

Quelles sont vos limites actuelles ?

Tout le monde a ses limites, même si on n'en est pas toujours conscient. Vous n'êtes peut-être pas sûr des vôtres. Ou vous savez quelles sont vos limites avec certaines personnes et dans certaines situations, mais pas avec d'autres. L'histoire de Susan vous aidera à y voir plus clair.

J'ai travaillé toute ma vie, mais ça ne m'a pas empêchée de m'investir auprès de ma famille. Avec le temps, je me suis rendu compte que j'en faisais trop pour elle, et qu'il m'arrivait même de faire des choses à sa place. Je suis toujours là pour elle, mais j'en paie le prix. Je me sens vidée et épuisée. J'ai appris à me fixer des limites sur mon lieu de travail, mais lorsqu'il est question de ma famille, c'est autre chose. Alors, j'apprends pro- gressivement à ne pas dire oui tout le temps, parce que si je ne prends pas soin de moi, il finira par ne plus y avoir de «moi».

Quelles limites vous êtes-vous fixées ? Certaines sont-elles plus difficiles à maintenir que d'autres ?

Dans le tableau ci-dessous, cochez celles qui s'appliquent à vous, même si ce sont des exemples qui se produisent rarement. Sur une feuille à part, inscrivez d'autres exemples de limites que vous vous êtes fixées et que vous avez déjà appliquées. Lorsque vous aurez terminé cet exercice, écrivez dans votre journal ou parlez avec quelqu'un des situations dans lesquelles il vous est plus difficile de faire respecter vos limites – comme Susan en a fait l'expérience dans l'exemple ci-dessus.

Limite	✔
Je ne donne pas d'argent aux personnes qui peuvent en gagner par elles-mêmes.	
Je ne reste pas quand une personne se met à me crier après. Je quitte calmement la pièce.	
Je dis non quand j'en ressens le besoin.	
Je ne cherche pas d'excuses aux problèmes des gens.	
Je ne mens pas.	
Je ne termine pas le travail des autres à leur place.	
Je refuse d'acheter de l'alcool à une personne qui en consomme trop.	

En faisant cet exercice, vous avez peut-être remarqué que vous aviez plus ou moins de limites que ce que vous pensiez. Ce n'est en rien gênant, car ce qui importe vraiment est que vous soyez plus conscient de ce qui se passe et que vous preniez des décisions qui vous sont profitables. En vous inspirant des exemples ci-dessus et de ceux que vous avez trouvés, réfléchissez aux nouvelles limites que vous aimeriez instaurer et à celles, déjà en place, qui auraient besoin d'être renforcées. Notez le fruit de votre réflexion dans votre journal. La section suivante vous aidera à travailler sur vos limites.

Comment créer et renforcer des limites

Vous avez donc réfléchi aux limites mises en place, à celles qui ont besoin d'être renforcées et à celles que vous souhaiteriez créer. Pour en établir une, il est habituellement nécessaire de commencer par modifier son état d'esprit et son comportement. Quant à vos sentiments, ils changeront avec le temps.

Phil nous explique comment il s'y est pris pour se fixer des limites dans sa relation avec sa fille Holly.

Ma fille et son mari ont vraiment pris leurs distances par rapport au reste de la famille. Ils me manquent, leurs enfants aussi et je leur demande souvent de venir nous rendre visite pour les vacances, par exemple. Il est rare qu'ils répondent à mes requêtes, quelles qu'elles soient. Je ne sais plus quoi faire.

Je suppose qu'une bonne façon de réagir serait de ne pas me mettre en colère. Et je pourrais informer Holly de nos réunions de famille sans attendre de réponse de sa part. Peut-être qu'au lieu de l'inviter, je devrais me contenter de lui dire ce qu'on fait sans me soucier de ce qu'elle décide de faire. Je pourrais lui dire : « Le repas de la Thanksgiving aura lieu à midi à la maison, et ça nous ferait très plaisir que tu viennes », en partant du principe qu'elle ne viendra pas, et faire ce que j'ai prévu de mon côté. Et si quelqu'un me demande si Holly et sa famille vont se joindre à nous, je répondrai que je ne sais pas. S'ils décident de venir, on pourra toujours rajouter des assiettes au dernier moment. Ça ne me permettra peut-être pas de me débarrasser complètement de ma colère, mais ça devrait aider.

Phil a compris que son comportement habituel ne lui apportait rien de positif. Il continuait à se sentir blessé, embarrassé et en colère, et le comportement de sa fille ne changeait pas. Il a donc décidé d'établir une limite pour mieux gérer le problème de la distance. Il a tout d'abord décidé de modifier ses pensées à propos de Holly et de sa présence aux réunions de famille, en arrêtant d'attendre qu'elle retourne ses appels. Puis, il a modifié son comportement en l'informant calmement et à une seule reprise des projets de la famille – sans l'appeler plusieurs fois ou se mettre en colère. En se fixant des limites, Phil a réussi à atténuer la sensation qu'il avait de se faire mener en bateau par les silences et les absences de sa fille, et il s'est également débarrassé d'une partie de sa peine et de sa déception.

Lorsque Phil a établi ses nouvelles limites, il avait le choix d'en parler à Holly. Le principal était que ses nouvelles limites soient en accord avec *sa* décision de modifier *son* mode de pensée et *son* comportement. Cette nouvelle approche n'avait pas le pouvoir d'éliminer la peine de Phil, mais elle lui permettait au moins de se sentir mieux.

Voici trois étapes qui vous permettront de créer ou de renforcer vos limites :

1. Repérez la situation qui vous pose problème et cernez vos sentiments, vos pensées et votre comportement à cet égard.

2. Décidez quelle(s) pensée(s) et quel(s) comportement(s) vous pouvez et voulez changer.

3. Déterminez avec précision ce que vous allez faire pour apporter ce changement.

Pour vous aider à vous fixer des limites, répondez aux questions suivantes sur une feuille à part :

Quelle est la situation, dans ma relation avec mon proche, à l'égard de laquelle je ressens un certain malaise ou un manque de contrôle ?

Lorsque cette situation se produit, je réagis habituellement avec des sentiments, pensées et comportements précis. Lesquels ?

Lequel, ou lesquels, de ces sentiments, pensées et comportements m'est-il possible de changer ?

Par quoi vais-je remplacer ces sentiments, pensées et comportements lorsqu'ils se présenteront à moi ?

Cet exercice vous a permis de vous familiariser avec les étapes qu'il est nécessaire de franchir pour se fixer des limites personnelles. Le dernier énoncé que vous avez rédigé est votre nouvelle limite. Entraînez-vous à la mettre en pratique. Déterminez si elle vous convient. Vous pouvez modifier vos limites à n'importe quel moment, mais assurez-vous de bien les avoir essayées – disons pendant quelques semaines ou quelques mois – avant de déterminer si elles vous sont bénéfiques. Prêtez attention à ce que vous ressentez au moment d'instaurer une limite. Même si elle vous semble étrange, conservez-la. Tous les changements paraissent étranges au premier abord, et vous finirez par vous y habituer, et peut-être même par l'aimer. Si vous souhaitez vous fixer d'autres limites, vous pouvez refaire cet exercice dans votre journal ou sur une feuille de papier.

Le fait d'établir des limites ne signifie pas pour autant que vos problèmes vont se résoudre ou que vos sentiments douloureux vont disparaître. Mais il ne fait aucun doute qu'elles peuvent vous aider à reprendre le contrôle sur vous-même – vous-même étant la seule personne que vous pouvez contrôler. Votre proche difficile n'appréciera peut-être pas ces changements, mais une partie du processus consiste à reconnaître que vous n'avez pas à rendre tout le monde heureux. Votre responsabilité est de mener votre vie du mieux que vous le pouvez et de laisser les autres mener la leur.

Comme c'est le cas pour toutes les méthodes suggérées dans ce livre pour améliorer votre situation, se fixer des limites n'a rien à voir avec de l'égoïsme ou de la méchanceté, même si c'est ce que vous risquez de penser au premier abord. Les limites, lorsqu'elles sont appropriées, doivent simplement vous aider à trouver l'énergie qui vous permettra de profiter de la vie tout en manifestant de l'affection à votre entourage.

Négociations

Comme vous venez de le voir, la limite est un des outils qui peut vous permettre de déterminer plus clairement où vous vous situez dans une relation ou une situation. Le deuxième outil qui contribue à une meilleure interaction est la négociation, puisqu'elle permet aux personnes concernées de se mettre d'accord. Elle repose sur le principe que les deux parties ont des points de vue, des préférences et des idées valables.

Ce processus n'a pas à être long et compliqué. Il s'agit plutôt d'une conversation, axée sur un objectif, entre deux personnes qui souhaitent améliorer certains aspects de leur relation. (Dans ce chapitre, on suppose que la négociation se fait entre deux personnes. Dans le cas où une négociation concernerait plus de deux personnes, la situation serait plus compliquée et nécessiterait peut-être une aide extérieure.)

Ces négociations personnelles sont plus efficaces lorsque :

❖ les deux personnes sont disposées à discuter du sujet en question.

❖ le sujet visé est concret et précis.

❖ aucune des deux personnes n'a d'attentes établies quant à l'issue de la discussion.

À partir de cette courte liste, il semble peut-être évident que le processus de négociation ne sera pas efficace pour toutes les personnes ou dans toutes les situations. Il s'agit cependant d'un outil utile qui peut aider à apaiser les tensions qui règnent entre vous et votre proche difficile. Examinons de plus près les trois facteurs énumérés ci-dessus.

Les deux personnes sont disposées à discuter

La négociation est une discussion entre des personnes souhaitant parvenir à une entente. Pour ce faire, vous et votre proche devez croire qu'il existe ne serait-ce que l'infime possibilité d'une amélioration dans la situation stressante que vous traversez. Vous devez également être prêt – une petite détermination fera l'affaire – à envisager une nouvelle approche et à écouter ce que l'autre a à vous dire.

Des sujets concrets et précis

Votre négociation sera plus efficace si vous abordez un ou deux sujets précis à la fois, par exemple quand et où vous parlerez d'argent ou qui va préparer le repas tels jours de la semaine. Il est préférable de rester éloigné des débordements émotionnels, des reproches, de la culpabilité, de la colère, de l'apitoiement et du ressentiment. Ce genre de manifestation d'émotions détourne l'attention du sujet initial.

Lisez les paires d'énoncés ci-dessous. Comparez-les pour avoir une meilleure idée de ce qu'est un sujet concret et précis par rapport à une manifestation d'émotion. Lequel des deux énoncés estimez-vous le plus efficace et apaisant?

Sujet concret et précis : À quel moment et à quelles conditions tu peux utiliser ma voiture.

Manifestation d'émotion : Pourquoi est-ce que tu prends toujours ma voiture sans me le demander ? Tu es vraiment égoïste !

Sujet concret et précis :	Comment nous allons nous y prendre pour organiser nos prochaines vacances.
Manifestation d'émotion :	C'est vraiment pas sympa de ta part de refuser de prévoir quoi que ce soit avec moi.
Sujet concret et précis :	Ce que nous ferons tous les deux si tu te retrouves encore en prison.
Manifestation d'émotion :	Je ne comprends pas pourquoi tu continues à voler ! Pourtant, j'ai fait tellement d'efforts pour te donner une bonne éducation.
Sujet concret et précis :	Ce que nous allons faire la prochaine fois que tu te mettras en colère.
Manifestation d'émotion :	Pourquoi est-ce que tu ne te fais pas aider pour tes accès de colère ? Tu as un vrai problème, et je ne peux plus le supporter.

Remarquez que chaque énoncé *Sujet concret et précis* prend en compte les deux personnes concernées. Les discussions qui portent sur les sentiments et les pensées sont maintenues au minimum pour que la négociation ne se perde pas dans les méandres de votre histoire commune. Les accusations et les termes provocateurs des énoncés *Manifestation d'émotion* créent une atmosphère de reproche et de culpabilité, ce qui va à l'encontre de l'esprit de collaboration.

Prenons l'exemple de Brenda et Don. Leur fils adulte, Mike, vivait dans la rue depuis plusieurs années. Au départ, ils avaient peur pour lui, ils se sentaient coupables, ils avaient honte et ils ne savaient plus quoi penser. Au bout d'un moment, ils ont commencé à ressentir de la colère. Lorsqu'il les appelait, ils essayaient de le convaincre de revenir chez eux ou de se faire aider. À deux reprises, ils lui ont envoyé de l'argent pour qu'il puisse prendre le bus et vienne les rejoindre. Les deux fois, Mike ne s'est pas présenté. Au fil du temps, il a fini par leur téléphoner moins souvent.

Grâce à l'aide qu'ils ont reçue, Brenda et Ron ont pris conscience de leur situation d'enchevêtrement avec leur fils – laquelle était favorisée par l'absence de limites – et ils ont compris qu'ils avaient passé toutes ces années à osciller entre les reproches et la surprotection – que ce soit en essayant de lui imposer leurs règles ou en de résoudre ses problèmes au lieu de simplement l'écouter. Avec le temps, ils ont appris à établir des limites avec leur fils. Lorsque celui-ci a fini par les rappeler, ils ont été en mesure de négocier une entente avec lui. Voici comment la discussion s'est déroulée :

> *Cette fois-ci, quand Mike nous a appelés, nous étions prêts. Nous l'avons informé que nous n'enverrions plus d'argent, et que ses histoires douteuses ne nous intéressaient plus – mais que nous voulions rester en contact avec lui. S'il était disposé à discuter de la nature de nos contacts à venir, nous étions prêts à les négocier avec lui. Nous avons vraiment utilisé ces mots ! Nous pouvions sentir qu'il était surpris – pas de pleurs ni de hurlements de notre part, juste le désir de négocier avec lui. Il ne voulait pas en parler tout de suite, mais il nous a assuré qu'il nous rappellerait une autre fois, et nous avons fixé quelques règles sur le moment et sur la façon dont il nous contacterait ainsi que sur les sujets que nous n'aborderions pas. Nous avons été surpris que les choses se passent aussi bien. Depuis, il nous a appelés deux fois, et la conversation s'est bien déroulée. Nous avons retrouvé un peu d'espoir, et beaucoup de sérénité, peu importe que nous ayons de ses nouvelles ou pas.*

Don et Brenda avaient décidé de ce qu'ils souhaitaient négocier avec Mike – dans l'éventualité où il appellerait et serait disposé à parler. Ils avaient discuté de tous les problèmes que suscitait son style de vie, et ils avaient pris conscience qu'ils n'avaient aucune prise sur ses choix et sur ses problèmes. Cependant, ils pouvaient agir sur leurs propres sentiments en déterminant ce qui les perturbait dans ces appels téléphoniques. En planifiant une négociation basée sur des sujets concrets et précis, Brenda et Don ont augmenté leurs chances d'avoir une discussion positive avec leur fils.

Attentes réalistes

En ayant des attentes réalistes par rapport à vous-même et aux autres, vous améliorez considérablement n'importe quelle situation – y compris une négociation. Il est naturel de souhaiter des résultats positifs lorsque vous entamez une conversation, et cet espoir est un « carburant » précieux. Quoi qu'il en soit, si vos espoirs vous empêchent de voir la réalité d'une personne, d'une relation ou d'une situation, vous n'aidez personne. Un mélange d'espoir et de réalisme est souvent ce qui fonctionne le mieux.

Brenda et Don ont dû réduire leurs attentes pour pouvoir être prêts à négocier avec Mike. Lorsqu'ils ont abordé pour la première fois le sujet de leurs nouvelles limites et de la négociation qu'ils espéraient entamer avec leur fils, ils ont compris que plusieurs de leurs attentes n'étaient pas réalistes. Avant, ils s'attendaient :

- ❖ à ce que Mike réagisse au ton bienveillant de ses parents en revenant immédiatement à la maison ;
- ❖ à ce que personne ne soit contrarié ;
- ❖ à ce qu'ils puissent convaincre Mike de se faire désintoxiquer ;
- ❖ à ce que la discussion se déroule à la perfection.

Don et Brenda ont donc « fait leurs devoirs » avant d'avoir Mike au téléphone. Ils ont établi des attentes réalistes, déterminé clairement ce qu'ils voulaient dire à leur fils, décidé de ne pas lui mettre de pression et accepté le fait que leur conversation puisse provoquer de la frustration et de la tristesse. Après avoir discuté avec Mike, Don et Brenda ont analysé la façon dont la conversation s'était déroulée et se sont réjouis d'avoir réussi à garder les idées claires et à conserver leur calme.

Contrats

Il arrive que les négociations que nous menons avec nos proches nécessitent une validation supplémentaire, et un contrat personnel peut vous aider à le faire. Le contrat personnel se rapproche, à quelques détails près, du contrat juridique – les parties s'entendent sur les conditions et sont liées par celui-ci. Il peut être écrit ou verbal, et il est inutile d'employer des phrases interminables et compliquées. Contentez-vous de dire ou d'écrire les choses à votre façon. Vous pouvez même décider de passer des contrats avec vous-même sur une impulsion.

Voici quelques exemples de contrats personnels :

❖ Deux amis rédigent un petit contrat par lequel ils s'engagent à faire du sport ensemble trois fois par semaine. Ils déterminent les jours et les horaires de leur entraînement, et ils se mettent d'accord pour ne pas en faire moins ou plus que ce qui a été décidé. L'objectif de ce contrat est d'aider à la fois la personne accro à la pratique du sport et celle qui a envie de se remettre en forme.

❖ Un homme et sa femme essaient d'améliorer leur relation, et ils commencent par se pencher sur les activités qu'ils pourraient partager. Ils s'entendent sur les conditions qu'ils vont respecter pendant trois mois : ils iront au restaurant un week-end sur deux, et ils se joindront à une équipe de volley-ball. Ils notent les dates des sorties au restaurant et des entraînements de volley-ball sur leur calendrier, et ils s'embrassent pour sceller le contrat.

❖ Un homme conclut un contrat avec lui-même en décidant d'appeler son fils dépressif tous les mercredis soirs, pendant deux mois.

Comme vous le voyez, les contrats personnels peuvent être aussi informels que vous le souhaitez. Le but est d'être clair et de s'entendre sur ses conditions. Voici quatre étapes qui vous aideront à établir des contrats efficaces et à les honorer :

1. Vous devez vous entendre, avec votre interlocuteur, sur le fait qu'un contrat renforcera l'entente que vous avez négociée.

2. Décidez ensemble des éléments suivants :

   ❖ Quelles conditions feront partie du contrat ?

   ❖ Combien de temps le contrat sera en vigueur ?

   ❖ Que se produira-t-il si l'un de vous n'en remplit pas sa part ?

3. Énoncez ou rédigez le contrat. Signez-le et datez-le, ou trouvez un autre moyen de le valider.

4. Pendant et après la période du contrat, évaluez ensemble son efficacité pour chacun de vous.

Le contrat personnel vous permet d'officialiser (dans une certaine mesure) ce que vous avez négocié et ce sur quoi vous vous êtes entendus. Essayez d'établir vos premiers contrats à partir de sujets relativement légers pour avoir de part et d'autre un premier aperçu du processus et mettre plus de chances de votre côté. Vous établirez ainsi des fondations solides pour vos prochaines ententes.

Réunir tous les morceaux

Récapitulons les trois outils pour une relation plus saine :

Les limites :

❖ Sont fixées par vous, pour vous, afin de déterminer plus clairement ce que vous êtes prêt à faire et à accepter.

❖ Peuvent être modifiées si et quand vous le souhaitez.

❖ Améliorent votre capacité à négocier, si c'est ce que vous décidez de faire.

Les négociations :

❖ Sont menées de concert par votre proche et par vous-même.

❖ Exigent un minimum de volonté, de part et d'autre, de collaborer avec l'autre.

❖ Donnent une meilleure idée des problèmes spécifiques que connaît votre relation.

Les contrats :

❖ Reposent sur les sujets de vos négociations.

❖ Peuvent prendre n'importe quelle forme et contenir n'importe quelle information, à partir du moment où vous vous êtes entendus sur la question.

❖ Aident les deux parties à s'en tenir aux éléments sur lesquels elles se sont entendues.

Prenons maintenant un exemple pour illustrer de quelle façon les limites, les négociations et les contrats peuvent améliorer une situation. Becky, la petite-fille de Harold, vit avec lui depuis quelques années. Elle est en dépression, et Harold est heureux de pouvoir l'aider, mais il commence néanmoins à se sentir fatigué et découragé. Après avoir traversé des hauts et des bas, Harold a pris une décision. Il ne fera plus la cuisine pour Becky, il ne lui demandera plus de l'aider à la ferme quand elle sera dans un « mauvais jour » et il ne s'énervera plus avec ces choses. (Ce sont les limites qu'il s'est fixées.)

Lorsque Becky se sent mieux, Harold l'informe de ses décisions. Il lui explique que la situation est difficile pour lui, mais qu'il ne la laisse pas tomber – il a simplement besoin d'élaborer un plan avec elle. Ils discutent des problèmes que cause l'état de santé de Becky. Ils décident de se concentrer sur un sujet : le fait que le médecin de Becky ait souligné l'importance de l'exercice physique et d'une bonne alimentation dans la diminution des symptômes dépressifs. Becky et Harold décident qu'elle doit se nourrir correctement et faire de l'exercice, même si elle n'en a pas envie. Ils déterminent ensemble ce qu'elle va faire, à quelle fréquence ainsi que le rôle qu'Harold aura à jouer pour l'aider. (Cette conversation est la négociation.)

Enfin, comme ils savent tous les deux que Becky perdra de l'intérêt pour cette négociation lorsqu'elle sera dans ses mauvais jours, ils se mettent d'accord pour rédiger et signer un contrat d'une durée d'un mois – et d'en faire plusieurs copies, dans l'éventualité où elle déciderait de les déchirer dans un accès de colère. Becky accepte de lire le contrat tous les jours pendant un mois, et Harold décide de dessiner une croix rouge sur le calendrier pour chaque jour où elle se sera nourrie correctement et où elle aura fait un peu d'activité physique. Becky, quant à elle, dessinera une croix jaune pour chaque journée où son grand-père ne l'aura pas critiquée sur sa façon de manger ou sur son manque de participation. (Même si Becky et Harold sont des adultes, ils aiment l'idée de dessiner des croix sur le calendrier, car ce sont des rappels visuels qui leur permettent de savoir comment ils s'en sortent avec leur contrat.)

Pour conclure, nous vous invitons à essayer ces trois outils pour améliorer vos relations. Devenez plus fort en vous fixant des limites saines qui vous permettront de résister aux tempêtes de votre relation chaotique. Puis, lorsque votre proche et vous vous serez mis d'accord, vous intégrerez à votre relation des négociations et des contrats appropriés. Par-dessus tout, ne quittez pas ce chemin de découverte de vous-même qui vous mènera vers une plus grande sérénité. Au chapitre suivant, vous en apprendrez plus sur les façons de prendre soin de vous-même.

CHAPITRE 9

« Moi » n'est pas un mot indécent

La mission de ce livre est de vous aider à trouver la paix et l'équilibre. Le moyen le plus sûr d'améliorer la situation avec votre proche difficile est de commencer par vous écouter et par prendre soin de vous. De cette façon, vous serez moins stressé, et vous saurez mieux gérer les agressions extérieures. Et vous pourrez vous servir des outils que nous vous proposons ici pour dépasser le mode de survie et atteindre le bien-être.

Ce chapitre présente des outils qui s'adressent au deuxième aspect du lâcher prise : prendre soin de vous. Il s'agit là d'un acte d'amour dont nous ne sommes pas les seuls bénéficiaires. Si vous appliquez nos suggestions, vous vous sentirez mieux dans votre peau, et vous aurez un plus grand contrôle sur votre vie. C'est ce qu'ont compris les deux personnages de cette histoire lorsqu'ils ont commencé à prendre soin d'eux-mêmes et à se distancier du comportement nuisible de leur frère cadet.

Jenetta et Malcolm vivaient tous les deux dans la maison familiale depuis que leurs parents étaient morts, plusieurs années auparavant. Leur frère cadet, Terrence, y vivait également, jusqu'à son départ survenu deux mois plus tôt. Après avoir passé des années à subir la manipulation, les mensonges et la dépendance excessive de leur frère, Jenetta et Malcolm avaient fini par lui demander de partir. Ce n'était pas une décision facile à prendre, et ils se sentaient coupables à certains égards, mais la vie avec Terrence leur était tout simplement devenue insupportable. Ils avaient gardé le contact avec lui, mais ils apprenaient à gérer différemment leur relation. Ils essayaient par exemple de privilégier leurs propres besoins.

« Eh bien, Jenetta, c'est bien plus calme depuis que Terrence est parti, tu ne trouves pas ?

– Si, mais il me manque. Je suppose que c'est juste une question de temps. Même si je me sens mieux, il m'arrive de me faire du souci pour lui. Mais il ne fait aucun doute que j'apprécie de pouvoir lire et me promener tranquillement, sans passer mon temps à me demander ce qu'il a encore inventé. Avant qu'il parte, j'aurais pu hurler à l'idée qu'il me sorte encore un de ses mensonges éhontés ! Maintenant, je n'ai plus vraiment à m'inquiéter de savoir si les histoires qu'il raconte sont vraies ou pas. Et tu sais quoi, Malcolm ? Ce n'est pas seulement parce qu'il est parti, mais également parce que je commence à accepter d'être bien.

– Je comprends ce que tu veux dire. L'autre soir, quand mes amis m'ont proposé de faire un poker avec eux, j'ai vraiment apprécié de pouvoir dire oui sans avoir à sortir en douce pour éviter que Terrence me suive et sans être obligé de l'emmener avec moi. En fait, je pense que c'est à cause de lui si mes amis ne me proposaient plus grand-chose. Comme ils savent que Terrence est parti, ils m'ont proposé de faire une sortie de pêche. Je sais qu'ils s'en veulent de m'avoir mis de côté, mais je peux comprendre pourquoi ils l'ont fait. Terrence avait le don de tout gâcher. Les choses se passent mieux maintenant. »

Malcolm et Jenetta avaient chacun leur façon de prendre soin d'eux-mêmes, mais l'essentiel est qu'ils le faisaient, et qu'ils en avaient récolté les bienfaits. Ainsi, ils ont réussi à mener une vie plus calme et structurée, en ayant plus d'énergie à consacrer à Terrence lorsqu'ils étaient avec lui.

Que signifie « prendre soin de soi » ?

Prendre soin de soi signifie que l'on intègre à notre vie des activités agréables, relaxantes, intéressantes, stimulantes, énergisantes, etc. Cela implique de faire de petites choses pour soi sur une base régulière, d'apporter des changements de plus grande envergure et de s'ouvrir à d'autres possibilités.

Peu importe que vous le fassiez déjà ou non, il vous est toujours possible d'y travailler. Les changements que vous apporterez dans ce sens vous permettront d'avoir plus d'énergie et d'atteindre un équilibre émotionnel ainsi qu'un bien-être général.

La liste ci-dessous présente des exemples de ce que vous pourriez voir changer dans votre vie si vous preniez davantage soin de vous-même. Cochez les cases appropriées et notez les changements correspondants dans votre journal.

J'aimerais...	✓
Me faire moins de souci	
Être plus détendu	
Mieux dormir	
Sourire et rire plus souvent	
Me sentir moins stressé	
M'amuser davantage	
Me trouver une nouvelle passion ou me remettre à une ancienne passion	
Ne plus avoir mal à la tête, à l'estomac ou ailleurs	
Avoir les idées plus claires	
Avoir du temps pour moi	
Dépenser de l'argent pour me faire plaisir	
Avoir une meilleure opinion de moi-même	
Arrêter de m'excuser en permanence	

Si vous apprenez à respecter vos besoins et à rehausser vos exigences, ces énoncés, et beaucoup d'autres encore, s'appliqueront à vous. Ne perdez pas de vue que « c'est en forgeant qu'on devient forgeron ». Vous pouvez apprendre à vous dire *oui* et à dire *non* aux autres.

Moi, prendre soin de moi?

Si vous voulez prendre soin de vous, la première étape consiste à reconnaître que vous allez mal. Tout au long de votre lecture, vous avez eu l'occasion d'examiner vos sentiments, pensées et comportements. Nous espérons que vous avez su mettre le doigt sur vos frustrations, vos peines, vos déceptions et autres sentiments douloureux. Cependant, si vous éprouvez encore de la difficulté à reconnaître que vous souffrez et que vous faites les frais du comportement de votre proche difficile, voici une analogie qui vous fera réfléchir :

Imaginez que vous vous réveillez dans un hôpital. Au bout d'un moment, vous vous rappelez de l'accident qui vous a amené à cet endroit et vous prenez conscience de l'horrible douleur qui irradie dans votre jambe droite. L'infirmière vous rassure en vous disant : «Vous avez eu un accident, et votre jambe est cassée, mais on va vous soigner.» La douleur est très intense, parce que c'est une blessure sérieuse, mais le personnel de l'hôpital prend soin de vous, et vous finissez par vous endormir. Le lendemain, la douleur vous réveille. Vous cherchez la sonnette pour appeler l'infirmière, et vous remarquez que vous avez un voisin de chambre, qui est probablement arrivé pendant la nuit. Vous commencez à discuter avec lui, et vous apprenez qu'il s'est cassé les deux jambes. Est-ce que la vôtre vous fait soudainement moins mal parce que votre voisin en a deux de cassées ? Non, votre jambe vous fait toujours souffrir. Vous serez peut-être reconnaissant de ne pas être aussi gravement blessé que lui, mais vous aurez encore mal, et votre jambe aura toujours besoin d'être soignée.

Par conséquent, lorsque vous vous demanderez si vous avez le droit de vous sentir blessé ou de faire quelque chose de bien pour vous-même, repensez à cette histoire. Laissez-vous la possibilité de ressentir ce que vous avez envie de ressentir. La vie n'est pas un concours pour savoir qui a souffert du plus grand traumatisme. Ce n'est que la vie, et il arrive qu'elle soit douloureuse. Vous avez le droit de prendre soin de vous.

Deux principes fondamentaux pour prendre soin de soi

Pour prendre soin de soi, il est nécessaire de tenir compte des deux principes fondamentaux suivants :

1. La détermination.

2. Le passage à l'acte.

Il faut un minimum de détermination pour être capable d'envisager de nouvelles idées et de nouvelles possibilités de comportement. Cela signifie de dire *oui*, ou *peut-être*, au lieu de dire *non*. Lorsque vous aurez imaginé ces nouvelles possibilités, il vous faudra passer à l'acte – les explorer, analyser ce qu'elles provoquent, évaluer leur efficacité, en essayer d'autres variantes.

En appliquant ces deux principes fondamentaux, vous découvrirez des possibilités dont vous n'aviez peut-être pas soupçonné l'existence. Vous porterez un regard neuf sur vous-même. Regardons-les de plus près.

Détermination

Si vous traversez une situation difficile avec un proche, vous avez peut-être pensé des centaines de fois : « Je donnerais n'importe quoi pour que les choses s'arrangent » ou « Je suis fatigué de tout ça ! » ou « J'aimerais simplement qu'il comprenne. » Quoi qu'il en soit, espérer qu'une situation s'améliore et être prêt à tout faire pour la changer sont deux choses différentes.

Il est naturel de rêver à des solutions, mais ces rêves sont souvent des exemples vagues et irréalistes de la pensée magique. Au Chapitre 2, vous avez vu que la pensée magique vous empêchait de vous concentrer sur ce que vous étiez réellement en mesure de faire pour apporter des changements positifs à votre situation. Mais c'est seulement lorsque vous serez prêt à accepter votre réalité telle qu'elle est que les choses pourront changer. Par conséquent, accompagnez vos souhaits et vos rêves d'un minimum de détermination. Et posez-vous les questions suivantes :

❖ Suis-je prêt à reconnaître que je ne vaux pas moins que les autres ?

❖ Suis-je prêt à tenter une nouvelle approche pour me permettre de me sentir mieux ?

❖ Suis-je prêt à accepter de me sentir, ou d'avoir l'air, un peu ridicule pendant ma phase d'apprentissage de nouvelles attitudes ?

❖ Suis-je prêt à découvrir une nouvelle facette de ma personnalité, même si elle ne me plaît pas ?

❖ Suis-je prêt à accepter l'idée que j'ai tout ce dont j'ai besoin pour améliorer ma vie – même dans une petite mesure ?

❖ Suis-je prêt à réussir ? À faire des erreurs ? À accepter que mes efforts ne soient pas récompensés ?

Si vous avez répondu oui à une de ces questions, votre détermination est suffisante. Et même si vous êtes déterminé à être déterminé, ce sera suffisant pour apprendre à prendre soin de vous (ou pour apporter n'importe quel changement).

> Choisissez une des questions de la liste et notez votre réponse. Par exemple, une personne qui choisit la première (« Suis-je prêt à reconnaître que je ne vaux pas moins que les autres ? ») pourrait répondre : « Bien sûr, je suis prêt à reconnaître que je suis important pour mes petits-enfants ou mes amis, mais il m'est difficile de reconnaître ma

> valeur quand je pense à ma situation avec mon horrible frère. Je pense que je suis ouvert à l'idée, si je trouve un moyen d'y arriver.»
>
> Personne ne peut répondre à la question à votre place. Et il n'y a pas de bonne ou de mauvaise réponse –seulement votre vérité à cet instant. Nous vous suggérons de vous poser plusieurs de ces questions et d'y répondre dans votre journal. En apprenant à vous connaître, vous prenez soin de vous, et vice-versa.

Vous avez le droit de ne pas être prêt à apporter ces changements ou à vous pencher sur votre bien-être. Dans ce cas, contentez-vous de continuer à lire et à demander de l'aide, et vous obtiendrez les réponses à vos questions.

Passage à l'acte

Le deuxième principe fondamental est le passage à l'acte. Lorsque vous êtes habité par une étincelle (ou un feu hurlant!) de détermination et que vous l'accompagnez d'un passage à l'acte, de grandes choses peuvent arriver. Vous vous sentez plus confiant et détendu, et vous vous rendez compte que vous pouvez gérer des situations qui avaient jusque-là tendance à vous dépasser.

Prenons l'exemple d'Ivan, qui souhaitait se sentir mieux et se lancer dans une activité agréable. Même s'il n'était pas sûr de lui et manifestait une certaine timidité, Ivan était suffisamment déterminé à tenter quelque chose de nouveau. Sa nervosité et les moqueries de Gary, son partenaire, ne l'ont donc pas empêché de s'inscrire à un cours d'introduction à l'écriture. Avant et après son cours, Ivan se répétait que cette initiative était raisonnable, malgré ce que Gary pouvait en penser. Il a reconnu que, s'il voulait être heureux, c'était à lui de faire ce qu'il fallait. Ainsi, il a su profiter de son étincelle de détermination et passer à l'acte.

Si vous êtes prêt à vous lancer dans une nouvelle activité, à avoir l'air ridicule, ou à vous débarrasser des pensées négatives que vous entretenez à propos de vous-même, alors vous le pouvez. Essayez ce nouveau cours de danse qui vous tente depuis un moment. Pendant un mois, rédigez chaque jour une affirmation positive. Travaillez votre stratégie aux échecs. Détendez-vous à l'ombre d'un arbre. Peu importe ce à quoi vous pensez, tout vaut la peine d'être exploré – parce que vous en valez la peine.

Vous pouvez vous aider

Les personnes qui se trouvent dans des situations stressantes et préoccupantes ont tendance à rechercher un soulagement à l'extérieur. Elles attendent que leur proche change. Que les autres membres de la famille en fassent plus (ou moins). Elles mangent, boivent, travaillent et dorment trop ou pas assez. Elles se mettent en colère contre les autorités parce qu'elles ne règlent pas le problème. S'il vous est déjà arrivé de chercher une source de soulagement à l'extérieur de vous-même, vous en avez probablement retiré une bonne dose de frustration et de déception. C'est parce que, comme nous l'avons expliqué précédemment, vous cherchez les solutions au mauvais endroit. Vous êtes la solution à votre inquiétude et à la situation chaotique que vous traversez. Vous pouvez vous sauver. Vous êtes capable de trouver les réponses à vos questions. En prenant soin de vous, vous insufflerez un vent de nouveauté à votre âme, votre cœur, votre esprit et votre corps. Un peu plus loin dans ce chapitre, nous aborderons la question de l'aide extérieure, mais vous devez garder à l'esprit que ces ressources ne pourront vous être utiles que si vous vous investissez également.

Lorsque vous lirez nos suggestions sur les différentes façons de prendre soin de soi, sachez écouter votre intuition. Mettez votre peur de côté et lancez-vous !

La liste suivante vous suggère plusieurs moyens de vous détendre, de vous sentir mieux et de retrouver de l'énergie – en d'autres mots, de vous faire plaisir. Gardez votre journal et un stylo à portée de main au cas où vous auriez envie de prendre des notes. Mettez-vous dans un état d'esprit méditatif. Asseyez-vous ou allongez-vous dans un endroit confortable où vous ne serez pas dérangé pendant au moins dix minutes. Passez lentement en revue les différents éléments de la liste, et prenez conscience de ce que vous ressentez à la lecture de chaque suggestion. Lesquelles vous parlent ? Lesquelles vous laissent indifférent ? Lesquelles pensez-vous pouvoir appliquer ? Certaines font-elles déjà partie de votre vie, et existe-t-il un moyen de leur « redonner un coup de neuf » ?

❖ Sourire. Pouffer de rire. Rire. Éclater de rire.

❖ Pagayer, faire du canot.

❖ Se plonger dans une lecture différente de ses habitudes.

❖ Se lancer dans une nouvelle activité.

❖ Allumer des bougies.

❖ Sortir s'acheter une crème glacée.

❖ Suivre un cours d'escalade.

❖ Jouer avec de la pâte à modeler ou de l'argile.

❖ Faire la lecture à quelqu'un.

❖ Prendre une longue douche ou un long bain.

❖ Demander à quelqu'un de nous faire la lecture.

❖ Gribouiller pendant cinq minutes.

❖ Regarder les étoiles.

❖ Bercer un bébé.

❖ Sauter à la corde.

❖ Se brosser les cheveux pendant cinq minutes.

❖ S'acheter des fleurs ou en ramasser.

❖ Peindre avec les doigts.

❖ Promener un chien.

❖ Ne pas répondre au téléphone.

❖ Courir après quelqu'un pour l'attraper.

❖ Écrire une lettre.

❖ Faire la fête jusqu'au bout de la nuit.

❖ Lire quelques entrées du dictionnaire.

❖ Jouer avec un ballon pendant 10 minutes.

❖ Construire une maquette d'avion ou de voiture.

❖ Écrire ou lire de la poésie.

❖ Pêcher.

❖ Regarder des enfants jouer.

❖ Se mettre dans un état de silence serein pendant une journée.

❖ Prier dans un lieu inhabituel.

❖ Faire un puzzle difficile.

❖ Confectionner quelque chose pour soi-même.

❖ Se joindre à une équipe sportive.

❖ Rendre visite à une personne âgée.

❖ Danser seul.

❖ Faire quelque chose d'inattendu pour quelqu'un.

❖ Marcher pieds nus dans l'herbe avec lenteur.

❖ Lire une affirmation positive chaque jour.

❖ Faire des coloriages.

❖ Écrire une affirmation positive chaque jour.

❖ Observer un insecte pendant cinq minutes.

❖ Marcher sous la pluie.

❖ Écouter de la musique, lumière éteinte.

❖ Se laisser flotter sur un matelas gonflable pendant une heure.

❖ Sentir l'odeur du café.

Le nombre de choses que vous pouvez faire pour profiter de la vie et prendre soin de vous-même est infini. Alors, foncez! Qu'avez-vous à perdre? (Peut-être un peu de dignité l'espace d'un instant, mais serait-ce si grave?)

Dans la prochaine section, nous explorerons une des méthodes qui se sont révélées très efficaces pour de nombreuses personnes : le journal intime.

Une bonne méthode d'écriture

Dans l'introduction de ce livre, nous avons parlé de la tenue d'un journal intime. Celui-ci vous permet :

❖ d'analyser vos pensées et sentiments ;

❖ d'explorer votre monde et de réfléchir à la personne que vous êtes ;

❖ de vous exprimer ;

❖ d'accroître votre prise de conscience et les possibilités qui s'offrent à vous.

Tout au long d'*Il est si difficile de t'aimer*, nous vous avons encouragé à continuer certains exercices dans votre journal. C'est une des façons de l'utiliser, mais il en existe beaucoup d'autres. Envisagez les exercices suivants comme des méthodes visant à mieux vous connaître et à vous apprécier davantage :

❖ JOURNAL DE GRATITUDE : chaque jour, pendant un mois, notez cinq raisons d'être reconnaissant.

❖ JOURNAL DES ESPOIRS ET DES RÊVES : ne limitez pas vos rêves à votre imaginaire et notez-les par écrit. Ce geste vous permet de les valider et de les savourer, et il les rend plus tangibles. Une fois qu'ils sont sortis de votre tête, il y a plus de chances pour que vous passiez à l'action.

❖ JOURNAL DES ÉVÉNEMENTS DE LA JOURNÉE : faire un compte rendu des événements du quotidien est un moyen formidable de se lancer dans la tenue d'un journal. C'est également une très bonne façon d'écrire l'histoire de votre vie – un jour après l'autre.

❖ CETTE SEMAINE, J'AI APPRIS... : prenez le temps d'évaluer votre progression par rapport à l'un de vos projets. Sachez reconnaître vos progrès et envisager de nouveaux choix et de nouvelles approches. Déterminez ce qui a été efficace et ce qui ne l'a pas été.

❖ EN CE MOMENT PRÉCIS, JE RESSENS... : apprenez à mieux vous connaître en validant et en nommant vos émotions. Faire le suivi de vos sentiments pendant un certain temps vous permettra de déceler les schémas que vous répétez dans différentes situations et vous aidera à mieux vous comprendre.

❖ **AFFIRMATIONS POSITIVES :** écrivez les mêmes affirmations cinq fois par jour pendant deux semaines. C'est un moyen formidable de modifier votre pensée dans le bon sens et d'aller de l'avant.

❖ **JOURNAL COMMUN :** associez-vous à une autre personne pour écrire vos pensées sur la vie, sur une situation ou sur tout ce que vous voulez. Lisez ce que l'autre a écrit, et répondez-lui. Parfois, il est plus facile d'écrire ce que l'on pense et ressent que de le dire. Le journal commun est un moyen amusant de profiter d'une relation et de l'approfondir.

Cette liste de suggestions est succincte, mais elle vous donne une bonne idée des possibilités qui s'offrent à vous. En marge de vos notes, vous pouvez dessiner, gribouiller, coller des images ou des autocollants ; bref, tout ce qui peut contribuer à ce que votre journal soit à votre image.

Tournez-vous vers des passe-temps relaxants et intéressants qui vous permettent de mieux vous connaître et de vous exprimer. En élargissant vos possibilités de croissance, vous consoliderez vos forces, et vous obtiendrez les réponses à vos questions.

Les autres aussi peuvent vous aider

Les idées que nous venons de vous suggérer pour prendre soin de vous peuvent vous aider à respecter vos besoins et à comprendre ce qui se passe en vous, mais cette introspection, aussi importante soit-elle, n'est pas toujours suffisante. Il arrive qu'une aide extérieure soit nécessaire. Lorsque vous assumez votre part de responsabilité dans votre bien-être, une autre personne-ressource peut apporter une contribution supplémentaire.

La liste suivante propose plusieurs idées de ressources intéressantes :

❖ **Livres, magazines, supports audio, sites Web, radio et télévision :** ceux-ci sont une bonne source d'information, d'inspiration et d'idées nouvelles.

❖ **Amis et famille :** si vous vous sentez assez à l'aise pour le faire, essayez de déterminer si l'un de vos proches peut vous aider dans votre progression. Vous écoute-t-il avec patience ? Vous fait-il des suggestions utiles et bienveillantes ? A-t-il lui-même vécu ce que vous traversez ?

❖ **Groupes de croissance personnelle, de soutien et de thérapie :** de nos jours, il existe un grand nombre de groupes dont la mission est de vous soutenir dans les moments difficiles, de vous enseigner des méthodes visant à améliorer vos relations et de vous mettre en contact avec des personnes qui vous comprennent. Le simple fait de voir que vous n'êtes pas seul dans cette situation peut être la source d'un grand soulagement.

❖ **Méthodes de traitement alternatives :** au cours des dernières années, des pratiques de santé et de bien-être, qui étaient jusque-là inhabituelles en Occident, ont été acceptées par un plus grand nombre de personnes. Parmi ces techniques complémentaires efficaces, on trouve notamment le reiki, le shiatsu, l'acupuncture, la massothérapie, l'aromathérapie et la chiropractie.

❖ **Retraites et ateliers :** qu'il s'agisse d'une retraite de méditation ou d'un cours en gestion de la colère, beaucoup d'endroits proposent des ateliers et des fins de semaine de retraite pour vous permettre de vous reposer, d'apprendre, de partager et de vous exprimer. Les églises, les organismes communautaires, les universités et les centres de services sociaux constituent de bons points de départ pour vous renseigner sur ce qui se fait dans votre ville.

❖ **Thérapie individuelle ou de groupe :** vous pouvez tirer un grand profit de consultations avec un conseiller ou un thérapeute. Les bénéfices pourraient notamment être les suivants :

- vous sentir de plus en plus à l'aise avec votre thérapeute et avec l'idée de la thérapie ;

- mieux comprendre sur quoi reposent vos sentiments et votre comportement ;

- acquérir des outils qui vous aideront à mieux gérer votre situation et votre relation avec votre proche difficile ;

- sentir que vous allez de l'avant.

❖ **Traitement médical sous ordonnance :** en fonction de votre situation, un médecin ou un psychiatre pourrait vous prescrire des médicaments pour vous soulager. Prenez le temps d'en discuter avec lui. Un professionnel de la santé doit pouvoir vous expliquer ce qui le motive à vous prescrire un traitement médical. Si vous n'êtes pas convaincu qu'il est de bon conseil, n'hésitez pas à demander une deuxième opinion.

❖ **Hospitalisation :** dans certains cas, le mieux que l'on peut faire pour soi est de se faire admettre dans un hôpital ou un centre de soins. Les centres modernes sont généralement des lieux lumineux et propres dont le personnel est très bien formé. Un séjour dans un centre de soins peut vous offrir une période de répit pendant laquelle vous bénéficierez de l'aide et du soutien du personnel soignant pour mieux gérer votre situation.

La section Ressources qui se trouve à la fin de ce livre propose également des idées qui pourraient vous être utiles.

Sachez reconnaître vos réussites

Nous avons mentionné plusieurs fois qu'il était approprié – et même conseillé – de reconnaître ses progrès, même les plus petits. De la même façon qu'un coureur olympique a entamé son aventure sportive par des progrès modestes, votre voyage vers une sérénité et une stabilité émotionnelle plus grandes doit également commencer par de petits pas. Vous pouvez apprendre de nouvelles méthodes et en être fier ! Voici ce que Martha nous a confié à ce propos :

> *Un soir, après le repas, j'ai discuté avec mon amie Sally. Je lui ai parlé de mon formidable nouvel emploi dans un centre d'apprentissage pour adultes, et de la peur qui s'est emparée de moi au départ. Je lui ai confié qu'il ne m'avait pas fallu beaucoup de temps pour comprendre à quel point j'aimais aider les étudiants. Sally m'a répondu : « Ouah, Martha, tu as vraiment un don ! Je ne pourrais jamais faire ce genre de travail ! » Je lui ai répondu que ce n'était pas si difficile, et que n'importe qui pouvait le faire. Sally m'a regardée avec attention avant de me lancer : « Non, ce n'est pas tout le monde qui pourrait le faire ! Personnellement, je ne le pourrais pas, et je connais des gens pour lesquels c'est la même chose. »*
>
> *La façon dont elle m'a dit ça m'a vraiment frappée. J'avais toujours pensé que ce que je faisais n'avait rien d'extraordinaire – si j'en étais capable, n'importe qui l'était aussi. Mais je m'étais peut-être trompée. J'ai répondu à Sally : « Eh bien, il est possible que je me sois sous-estimée. Et il serait peut-être bon que je perde cette mauvaise habitude. »*

Faites comme Martha, sachez vous apprécier à votre juste valeur.

Le changement commence par moi

En apprenant à prendre soin de vous, vous aurez peut-être la sensation d'être égoïste ou d'abandonner les autres. Même si cette réaction est compréhensible, elle ne reflète pas la réalité. Vous donner les moyens d'être une personne forte, heureuse et en bonne santé est une démarche merveilleuse. En outre, le calme et la confiance que vous en retirerez bénéficieront également à votre entourage.

Alors, n'abandonnez pas. Les nouvelles méthodes que vous apprenez ici nécessitent une mise en pratique sur une base régulière. Vous pouvez apprendre à prendre soin de vous et à vous apprécier à votre juste valeur. À mesure que le temps passera, tout cela vous semblera de plus en plus naturel. Gardez à l'esprit qu'en décidant d'aimer la personne que vous êtes, vous ne privez personne de votre amour, car vous en avez suffisamment pour tout le monde, et vous pouvez, dans ces conditions, l'offrir aux autres avec plus de liberté et de sérénité.

CHAPITRE 10

ALLER DE L'AVANT

Ce dernier chapitre d'*Il est si difficile de t'aimer* fait le point sur les informations, les suggestions et les outils dans ce livre. Nous l'entamerons avec une histoire qui illustre les relations de personnes enchevêtrées, détachées et en phase avec leur proche. Puis, nous expliquerons ce qui, dans cette histoire, est représentatif des relations problématiques et nous nous pencherons sur les pistes de lâcher prise qu'elle comporte.

Lily et Ron Mays ont une fille, Fiona, et un petit-fils de 10 ans, Charlie. Fiona était petite fille lorsque son père est devenu dépressif et s'est détaché de sa famille. De son côté, sa mère a dépensé beaucoup d'énergie à essayer de comprendre son mari, même si elle avait la sensation qu'il resterait un mystère. Parce qu'elles étaient un peu perdues et souffraient de cette situation, Lily et Fiona ont instauré entre elles une relation de compensation fusionnelle. Mais au moment de l'adolescence et de l'entrée dans l'âge adulte, Fiona a commencé à mettre de la distance entre elle et ses parents, allant jusqu'à s'absenter pendant des semaines ou des mois sans leur dire où elle se trouvait. Lorsqu'elle finissait par réapparaître, sa mère faisait le maximum pour « aider » sa fille à y voir plus clair, tandis que Ron conservait sa distance comme il l'avait fait par le passé.

Quand Fiona a donné naissance à Charlie, les problèmes n'ont fait qu'empirer. Son accouchement avait provoqué une dépression post-partum qui ne s'est jamais totalement dissipée, et Lily est devenue de plus en plus enchevêtrée dans sa relation avec sa fille. Au fil du temps, Fiona a commencé à négliger les besoins émotionnels de Charlie, même s'il était correctement nourri et vêtu, et même s'il ne risquait rien physiquement – souvent grâce à Lily plus qu'à Fiona. Au cours des dernières années, Fiona est devenue une passionnée d'Internet, et elle a fréquemment menti à sa mère à propos de Charlie, du temps qu'elle passe sur l'ordinateur et des hommes qu'elle rencontre en ligne.

De son côté, Ron a maintenu sa distance avec sa femme et sa fille. Lily a souvent eu la sensation que, sans la présence de Charlie, son mari et elle n'auraient pas eu beaucoup de sujets de conversation, à part les poubelles à sortir et les factures à payer. Elle est extrêmement reconnaissante que Charlie et son mari aient au moins en commun leur passion pour les voitures.

Le profond enchevêtrement de Lily à l'égard de sa famille l'a incitée à dépenser beaucoup d'énergie au fil des ans pour essayer de rendre Ron heureux et s'assurer que Fiona soit une meilleure mère. Elle a frôlé la crise de nerfs il y a quelque temps, et une de ses amies lui a conseillé de lire certains ouvrages et de se joindre à un groupe de soutien pour l'aider à gérer sa famille difficile. Depuis, Lily a pris conscience qu'elle ne pouvait pas sauver ses proches et qu'il était important qu'elle prenne soin d'elle. Alors, elle apprend à moins souffrir de la distance de Ron et à se fixer des limites plus claires dans sa relation avec sa fille. Récemment, elle lui a dit qu'elle souhaitait être informée à l'avance lorsque celle-ci comptait lui faire garder Charlie, au lieu qu'elle le dépose chez elle au dernier moment.

Voici ce qui s'est produit lorsque la toute nouvelle lucidité de Lily s'est retrouvée pour la première fois face à l'égocentrisme de sa fille.

Lily leva les yeux de son livre et le déposa sur ses genoux lorsqu'elle entendit sa fille entrer chez elle accompagnée de Charlie.

« Maman, j'ai besoin que tu… Oh, désolée ! *Tu veux bien* garder Charlie ce soir ? Je sors.

— Bonjour Fiona, répondit Lily.

Puis elle s'adressa à Charlie après avoir levé la main à l'attention de Fiona, pour lui signaler d'attendre un instant.

— Salut Charlie ! Ça se passe bien avec ta maquette de voiture ?

— Super, grand-mère ! J'ai presque fini. Je te l'apporterai pour te la montrer quand j'aurai fini avec les décalcomanies. Où est grand-père ? Il s'occupe de la Mustang ?

— Oui, mais tu auras peut-être envie de passer par la cuisine pour manger des biscuits au beurre d'arachide avant d'aller dans le garage.

Charlie ne remarqua pas le sourire de sa grand-mère lorsqu'il attrapa quelques biscuits avant de courir vers le garage. Fiona en profita pour réitérer sa demande.

— Alors, maman, est-ce que Charlie peut rester avec vous ce soir ? Je sais que tu m'as demandé de te prévenir à l'avance, mais je vais être honnête avec toi ; j'ai rencontré un gars super dans Internet, et je lui ai promis que je le retrouverais ce soir. Charlie pourrait rester manger avec vous, ou je pourrais vous le ramener plus tard. Bon, c'est sûr, je n'ai pas grand-chose à manger dans le frigo en ce moment…

— Fiona, j'apprécie que tu te sois rappelé de me poser la question au lieu de m'imposer les choses et que tu aies eu l'honnêteté de me dire qui tu allais retrouver ce soir au lieu de prétendre qu'il s'agissait d'une copine, mais je dois passer le week-end à étudier pour mes examens. Je suis désolée, mais je ne peux pas m'occuper de Charlie.

— Mais maman, ce type est vraiment super, et je lui ai promis que…

— Fiona, je n'ai pas besoin de connaître tes raisons. Je suis sûre que tes projets sont importants, mais les miens le sont aussi. Je dois étudier, chérie, je n'ai simplement pas le temps. Tu n'aurais rien dû promettre à qui que ce soit avant de m'en avoir parlé comme je te l'avais demandé.

— Eh bien, merci de ne pas vouloir m'aider ! J'aurais dû savoir que je ne pouvais pas compter sur toi. Depuis qu'il t'a pris cette lubie stupide de t'occuper de ton nombril, tu es devenue une vraie garce, maman. Tu daigneras peut-être me faire un peu de place dans ton emploi du temps chargé un de ces jours !

Lily soupira en regardant sa fille sortir de la maison d'un air hautain et en l'entendant appeler son fils en hurlant pour qu'il monte dans la voiture. Malgré le sarcasme de Fiona, Lily était en accord avec elle-même.

– Eh bien, murmura-t-elle, c'est une bonne chose qu'on m'ait prévue que mes changements ne seraient pas toujours bien perçus – mais il ne fait aucun doute qu'ils en valent la peine! Finies les scènes d'hystérie et les crises de nerfs.»

Elle s'empara d'un surligneur et se replongea dans sa lecture.

À la base, les Mays sont de bonnes personnes qui ont fait ce qu'elles pouvaient pour manifester leur intérêt et pour éviter de perdre la tête. Quoi qu'il en soit, leurs efforts n'avaient pas vraiment porté leurs fruits jusque-là.

> Prenez le temps de comparer votre situation familiale à celle des Mays. Répondez aux questions suivantes en vous basant sur les pensées, les sentiments et les comportements des personnages de cette histoire, pour vous aider à mieux comprendre les vôtres. Remarquez-vous une certaine similitude entre vous et ces personnes? Le cas échéant, qu'est-ce qui vous rapproche?
>
> Ces personnages vous font-ils penser à certains de vos amis ou à des membres de votre famille? Décrivez ces similitudes sur une feuille à part.

Dans cette histoire, les personnages adultes sont soit enchevêtrés, soit détachés, soit en phase avec leur entourage, ce qui les incite à recourir à des modes de communication inefficaces. Le tableau ci-dessous vous en propose des exemples précis.

Gardez à l'esprit que la plupart des personnes ayant un (ou plusieurs) proche difficile font face à une myriade de problèmes, comme c'est le cas dans cette histoire. Si c'est votre cas, sachez qu'une amélioration dans un aspect de la relation peut être suivie de l'apparition d'autres problèmes. Mais vous

LILY	Pendant de nombreuses années, elle s'est retrouvée dans une situation d'*enchevêtrement* (en essayant de rendre les autres heureux et de résoudre les problèmes de Fiona).
	Puis elle a fixé des limites plus *claires*, et elle a appris à être *ferme* et *en phase* avec son entourage (en évitant de trop souffrir de la distance de Ron, en imposant son rythme à Fiona et en refusant de céder).
RON	Pendant de nombreuses années, il a été *détaché* (aucune communication, beaucoup de temps passé seul dans le garage).
	Il parvient cependant à être *en phase* avec Charlie.
FIONA	Elle a grandi dans la souffrance, en se sentant délaissée par son père et surprotégée par sa mère.
	Plus tard, elle aussi s'est *détachée* (en disparaissant pendant de longues périodes et en négligeant les besoins de Charlie).
	Elle réagit avec *agressivité* envers sa mère et son fils (en criant, en étant vulgaire) et ses *limites sont mal définies* (elle sort très rapidement avec des hommes qu'elle connaît à peine).

devez continuer de travailler sur vos changements positifs, d'en parler avec une personne fiable et d'écrire dans votre journal. Si vous remarquez des améliorations dans les réactions de votre proche difficile, réjouissez-vous ! Vous en verrez apparaître d'autres si vous maintenez vos efforts.

Les hauts et les bas du processus de guérison et de rétablissement

Chaque personne mène sa vie à un rythme différent. Une vie chaotique et agitée peut finir par sembler normale avec le temps. Lorsque vous modifiez votre façon de penser, de ressentir et d'agir, vous modifiez ce rythme. De tels changements peuvent vous sembler étranges, même si c'est vous qui en êtes à l'origine.

Mais vous devez tenir bon. Même si vous avez momentanément l'impression que votre situation empire, elle ne mettra pas longtemps à évoluer. Les circonstances qui vous entourent, votre vie et vous-même allez connaître une amélioration. Les hauts et les bas qui accompagnent le processus de rétablissement sont les mouvements que votre vie et vos relations amorceront vers l'avant et vers l'arrière – heureux, moins heureux ; serein, agité ; plein d'espoir, découragé. L'essentiel est de savoir que, lorsque vous faites un pas en avant, la tendance générale sera également d'aller vers l'avant et non vers l'arrière. Il se pourrait qu'il vous arrive encore de pleurer ou de vous mettre en colère à cause du comportement de votre proche difficile mais, à mesure que vous pratiquerez le lâcher prise, vous verrez que ces épisodes seront moins fréquents et moins intenses. Avec le temps, la vie deviendra plus facile pour vous, peu importe les difficultés de votre proche.

En apprenant à mieux vous comprendre et vous connaître, à améliorer vos capacités de communication et à laisser votre proche difficile mener sa vie, vous attirerez des situations plus positives – pour vous-même, mais souvent aussi pour votre entourage, y compris votre proche difficile. Le lâcher prise est véritablement efficace.

Il arrivera cependant que des personnes et des situations viennent perturber ce calme. De légers sentiments de colère, de tristesse ou de frustration peuvent rapidement prendre de l'ampleur. Si cela vous arrive, n'attendez pas pour prendre de la distance avec votre situation. Pensez à respirer profondément. Posez-vous les questions suivantes : « Qu'est-ce que je veux ? Comment je me sens? Est-ce que je veux me sentir en colère et triste ou calme et heureux? Que puis-je faire pour me sentir calme et heureux?»

Ensuite, efforcez-vous de retrouver un certain calme. Plongez-vous dans une activité. Penchez-vous sur la résolution d'un problème. Faites du sport. Priez. Lisez ou écrivez pour y voir plus clair dans vos sentiments. Respirez profondément. Relisez la liste de suggestions proposées au Chapitre 9 pour vous aider à prendre soin de vous. Quelle que soit votre réaction lorsque les problèmes surgissent, sachez reconnaître vos progrès et vous pardonner vos erreurs.

RAD

Lorsque vous mettrez en pratique les suggestions de ce livre, veillez à être «RAD»: réaliste, authentique et déterminé.

❖ **SOYEZ RÉALISTE** à propos de vos besoins, de vos préférences et de vos limites. L'histoire qui ouvre ce chapitre ne rentre pas dans tous les détails, mais il est évident que Lily a pris un temps de réflexion avant d'informer Fiona de ses nouvelles exigences concernant les services de dernière minute. Lyli avait besoin de sentir que Fiona ne se déchargeait pas sur elle. Elle préférait continuer à l'aider en respectant ses propres limites. Lily était également consciente qu'elle ne pouvait pas s'attendre à ce que les changements – les siens et ceux de sa fille – soient de grande envergure, et elle s'est donc limitée à des demandes qu'elle savait appropriées, en s'assurant de s'y tenir. (Ce processus est décrit au Chapitre 6, dans la section *Comment décider des choix à faire*.)

❖ **SOYEZ AUTHENTIQUE.** Pensez, rêvez, imaginez et priez sur ce que vous êtes et sur ce que vous voulez devenir – et agissez en conséquence. Qu'est-ce que *vous* voulez? Quelles sont vos valeurs? Qu'est-ce qui vous convient? Commencez à faire et à être ces choses, et vous serez authentique.

Lily savait qu'elle aurait toujours envie de passer du temps avec Charlie et d'aider sa fille, mais elle avait la sensation que Fiona se servait d'elle. Ses nouvelles limites lui ont permis de faire ce qu'elle voulait en se respectant davantage.

❖ **SOYEZ DÉTERMINÉ** à apporter les changements que vous trouvez réalistes et qui vous permettent d'être authentique.

Même si Fiona avait respecté une partie des nouvelles exigences de Lily, celle-ci n'a pas accepté de céder quant à son besoin d'être prévenue. Même si elle n'avait pas eu à étudier, elle n'aurait pas gardé Charlie, car elle avait besoin d'apprendre à respecter ses nouvelles limites.

Acceptez de faire des erreurs. Lorsque vous avez appris à conduire ou à cuisiner, vous en êtes-vous sorti parfaitement dès le début ? Non, vous avez fait des erreurs, et vous avez continué de vous entraîner jusqu'à ce que vous vous sentiez à l'aise. Il n'y a pas de grande différence avec le fait de modifier vos pensées, vos sentiments et votre comportement par rapport à un proche difficile.

Douze conseils formidables pour lâcher prise

Il n'est pas toujours évident de lâcher prise, plus particulièrement lorsqu'un proche met sur votre chemin des obstacles qu'il est extrêmement difficile de surmonter. Même si vous n'avez rien demandé, vous n'avez pas d'autre choix que de faire avec. Les 12 conseils vous aideront à gérer efficacement ces obstacles, et à atteindre le bien-être, même si vous avez dans votre entourage un proche difficile qui souffre.

1. Abandonnez l'idée que vous pouvez changer une personne.

2. Aimez-vous.

3. Ne prenez pas le comportement des autres comme une affaire personnelle.

4. Ne faites pas plus d'efforts que votre proche difficile pour résoudre ses problèmes.

5. Visez l'amélioration, non la perfection.

6. Sachez apprécier vos progrès, même les plus petits.

7. Rappelez-vous vos erreurs.

8. Demandez de l'aide lorsque vous en avez besoin.

9. Cherchez à combler autrement vos besoins émotionnels.

10. Faites « comme si ».

11. Faites vos propres choix.

12. Décidez par vous-même de la signification à donner aux événements de votre vie.

L'explication suivante vous aidera à mieux comprendre ces 12 conseils.

1. Abandonnez l'idée que vous pouvez changer une personne

Vous ne pouvez pas faire changer votre proche difficile, peu importe le mal que vous vous donnez, l'amour que vous lui portez ou le « bien-fondé » d'une telle démarche. Il est possible qu'il change, tout seul, mais vous ne pouvez pas le faire à sa place. Abandonner cette idée ne signifie pas que vous lui tournez le dos, mais simplement que vous acceptez de ne pas avoir ce pouvoir.

2. Aimez-vous

Il est possible qu'à force de vouloir trop en faire pour les autres, vous ayez perdu de vue vos propres besoins. Si certaines personnes essaient de reporter sur vous la responsabilité de leurs erreurs, ne vous laissez pas faire. Faites-vous passer en premier plus souvent, et prenez soin de vous.

3. Ne prenez pas le comportement des autres comme une affaire personnelle

Ne vous rendez pas responsable du comportement de votre proche car, en agissant ainsi, vous vous infligez une souffrance inutile. Son comportement préoccupant n'indique en rien que vous vous êtes trompé quelque part, et il est plutôt le résultat de ses mauvaises décisions et de son manque de maîtrise de sa vie.

4. Ne faites pas plus d'efforts que votre proche difficile pour résoudre ses problèmes

Qui déploie le plus d'efforts pour résoudre les problèmes de votre proche difficile ? Si c'est vous, c'est le signe que vous en faites trop. Si vous dépensez plus de temps, d'argent ou d'énergie que votre proche à essayer de résoudre ses problèmes, vous risquez de vous épuiser et de le rendre dépendant de vous.

5. Visez l'amélioration, non la perfection

Ne vous mettez pas de pression pour être parfait – et ne le faites pas non plus avec votre entourage. Visez plutôt les améliorations progressives. Il arrive à tout le monde de prendre des mauvaises décisions, de dire ce qu'il ne faut pas, de changer d'avis et de manquer de confiance. Ne vous punissez pas, et ne punissez pas votre entourage, pour vos imperfections.

6. Sachez apprécier vos progrès, même les plus petits

Soyez honnête avec vous-même quant à ce que vous pouvez attendre de votre proche difficile. Par définition, ce genre de personne reproduit les mêmes erreurs, et tous les progrès, aussi petits soient-ils, doivent être considérés encourageants. En sachant les apprécier, vous parviendrez mieux à conserver votre optimisme lorsque la situation n'évoluera pas comme vous l'auriez souhaité.

7. Rappelez-vous vos erreurs

Lorsque vous êtes frustré par le comportement de votre proche difficile, repensez aux moments où vous avez agi de façon stupide, irresponsable ou blessante. Reconnaissez que vous vous en êtes bien sorti, et comprenez que votre proche le peut également. Cet exercice ne vise pas à vous dévaloriser, mais à être moins critique envers votre proche et à vous faire moins de souci pour lui.

8. Demandez de l'aide lorsque vous en avez besoin

Certaines personnes sont trop gênées pour demander de l'aide, ou pensent qu'elles doivent se débrouiller seules. D'autres n'ont dans leur entourage aucun proche en mesure de leur apporter un soutien inconditionnel. Mais en ne comptant que sur vous-même, vous limitez votre efficacité avec votre proche et vous vous exposez à une plus grande souffrance émotionnelle. Ne vous gênez pas pour demander de l'aide. Acceptez celle qui vous est offerte. Si vous n'avez personne pour vous aider autour de vous, élargissez vos relations en y intégrant des personnes en qui vous pouvez avoir confiance.

9. Cherchez à combler autrement vos besoins émotionnels

Si vous entretenez des relations agréables avec d'autres personnes et que vous partagez des activités avec elles, vous referez le plein de l'énergie dont votre proche difficile vous a dépouillé. Passez du temps avec des personnes d'une bonne maturité émotionnelle – c'est-à-dire pour lesquelles vous ne ressentirez pas le besoin de vous inquiéter, que vous ne serez pas tenté de prendre en charge et que vous n'aurez pas envie de sauver. Amusez-vous et passez des moments stimulants avec ces personnes saines.

10. Faites « comme si »

Lorsque vous parlez avec votre proche difficile, faites comme s'il vous écoutait ou s'intéressait à vous. Dites-lui ce que vous pensez. N'atténuez pas votre message simplement parce que vous redoutez qu'il se moque de vous ou qu'il vous ignore. Faites preuve de respect, mais exprimez le fond de votre pensée.

11. Faites vos propres choix

Décidez de ce que vous allez faire. Ne laissez pas votre proche difficile, votre famille ou qui que ce soit d'autre prendre les décisions à votre place. Ne tolérez pas d'être victime d'intimidation, de culpabilisation ou de manipulation. Écoutez les autres, allez vers la nouveauté et explorez les différentes possibilités qui s'offrent à vous. Mais soyez conscient qu'au final, c'est vous qui décidez quand et comment agir, et si vous voulez agir ou non.

12. Décidez de la signification à donner aux événements de votre vie

Votre état émotionnel provient de votre perspective de la vie. Votre bonheur n'est pas tant le résultat de ce qui se produit dans votre vie que de votre interprétation de ces événements. Assurez-vous d'être la seule personne à leur attribuer une signification et de ne pas laisser votre proche difficile, ou d'autres personnes, le faire à votre place.

Les principes du lâcher prise

Ce livre ne vous dit pas comment changer les autres. Il vous explique comment vous changer vous-même. Il est important de vous en rappeler lorsque vous êtes en contact avec un proche difficile. Avec le lâcher prise, vous n'abandonnez pas votre proche, mais vous abandonnez l'idée de vouloir le contrôler. Vous n'essayez plus d'influencer les conséquences de ses actes. Vous vous efforcez de l'accepter tel qu'il est, le bon comme le mauvais, tout en ne lui laissant pas la possibilité de profiter de vous. Lorsque vous lâchez prise, vous prenez soin de vous sans vous soucier de ce que les autres font, pensent ou disent.

Pour prendre soin de soi, il est important de commencer par se fixer des limites. Cela implique que vous décidiez de ce que vous êtes prêt à faire pour votre proche et à accepter de sa part. En fixant des limites claires, vous contrôlez le niveau de votre implication dans la vie de votre proche difficile. L'absence de limites précises indique que vous êtes dans une situation d'enchevêtrement, c'est-à-dire un état où la proximité avec votre proche est trop grande, où vous faites trop d'efforts et où vous vous sentez coupable lorsque les choses se passent mal. Le détachement est l'inverse de l'enchevêtrement. Les personnes détachées prennent de la distance. Elles s'éloignent trop, parfois complètement, de leurs proches.

Un des principaux objectifs du lâcher prise est de trouver un juste milieu, qui est celui où vous êtes en phase avec l'autre, et où vous dirigez votre amour à la fois vers votre proche difficile et vers vous-même. Vous faites ce que vous pouvez pour l'aider dans la mesure du possible. Vous entretenez un lien émotionnel avec lui, mais cela ne vous empêche pas de faire votre maximum pour vous protéger.

Le lâcher prise repose sur un autre principe, celui du choix. Il ne vous sera pas toujours facile de faire des choix, ou même de savoir repérer ceux qui s'offrent à vous, mais vous avez toujours la possibilité de choisir. Lorsque les autres ne font pas ce que vous voulez, vous avez le choix de la prochaine étape. Vous choisissez de quelle façon vous voulez réagir, et ce que vous souhaitez ressentir. Vous n'êtes pas obligé d'être victime du comportement de votre entourage.

Vous avez toujours le choix d'être ferme avec votre entourage, c'est-à-dire de ne pas tomber dans un des extrêmes qui consistent à vous renfermer sur vous-même par peur ou par culpabilité, ou à l'inverse de laisser exploser votre colère. Être ferme implique que vous exprimez le fond de votre pensée et que vous demandez sans exiger.

Outils de communication

Les outils de communication présentés dans ce livre se fondent sur l'idée que tous les êtres humains de la planète interagissent principalement par des pensées, des sentiments et des actes. En comprenant ces trois modes d'interaction, il vous sera plus facile d'apprendre à vous connaître, d'apprendre à connaître les autres et de prendre des décisions efficaces.

La conversation intentionnelle est un outil de communication efficace. Elle a deux objectifs : aboutir à une issue particulière pendant ou après la conversation et adopter un comportement précis pendant la discussion.

L'écoute interactive est un autre outil de communication qui contribue au lâcher prise. Avec cette méthode, il s'agit de deviner les pensées ou les sentiments plus profonds de votre proche, ou encore de répéter certaines de ses paroles sous forme d'affirmation. L'objectif principal de l'écoute interactive est d'encourager votre proche à s'exprimer en lui répondant par des affirmations, non par des questions. Cette technique lui permet de sentir que vous l'acceptez, et elle crée un lien de confiance entre vous.

Adressez-vous à votre proche à l'aide de messages à la première personne, au lieu de lui parler à la deuxième personne. Les messages au *tu* véhiculent une notion de reproche puisqu'ils soulignent les erreurs de votre proche et ce qu'il devrait changer. Les messages au *je* lui transmettent des informations qui vous concernent. Ils l'informent sur ce que vous ressentez et sur ce que vous voulez. Ils sont tournés vers vous, et non vers lui ; par conséquent, il sera moins tenté de se mettre sur la défensive et il vous répondra plus honnêtement et plus ouvertement.

À vous d'y réfléchir

C'est maintenant à votre tour de faire le bilan. Résumez sur une feuille à part vos impressions à l'égard des idées présentées dans *Il est si difficile de t'aimer*. Nous vous invitons à continuer dans votre journal si vous avez besoin de plus d'espace. Commencez par noter vos réactions émotionnelles et intellectuelles à l'idée générale du lâcher prise. Ce concept vous parle-t-il ? Est-il réaliste ? Peut-il vous aider ? Vous a-t-il déjà aidé par le passé ?

Pensez maintenant à des techniques et à des idées précises de ce livre, comme l'écoute interactive, les messages à la première personne, les choix, les limites, etc. Vont-elles vous être utiles ? À votre avis, quelles sont celles que vous utiliserez le plus dans votre vie de tous les jours ?

Pour terminer, écrivez une chose que êtes prêt à faire différemment avec chacune des personnes suivantes, après avoir lu ce livre. Engagez-vous à appliquer rapidement ce changement.

❖ Moi.

❖ Mon proche difficile.

❖ Des membres de ma famille.

Merci

Nous espérons que vous avez tiré profit de votre lecture d'*Il est si difficile de t'aimer*. Aller jusqu'au bout d'un livre comme celui-ci exige du courage, car il soulève des sujets douloureux et éveille des émotions puissantes. Il aurait été plus facile de le mettre de côté et de dire : « Ça suffit comme ça, je n'ai pas besoin d'en lire plus ! » Mais vous avez décidé d'aller au bout de ce livre et de votre apprentissage, ce qui est révélateur de l'amour qui vous unit à votre proche et à vous-même. Vous cherchiez des solutions, et nous espérons vous en avoir fourni quelques-unes.

Ce fut pour nous un honneur de faire ce bout de chemin avec vous. Vous méritez tous les compliments du monde pour ne pas avoir abandonné en cours de route. Nous espérons que vous y avez acquis un peu de confiance en vous et que vous en avez retiré des méthodes qui continueront à vous servir. Même si votre proche difficile ne veut pas ou ne peut pas changer, *vous* en avez le pouvoir.

Nous vous encourageons à maintenir vos efforts. Soyez ferme à propos de ce que vous voulez. Entourez-vous de personnes bienveillantes. Profitez de la vie. Traitez votre entourage avec amour et respect, et portez une attention particulière à la seule personne que vous ayez le pouvoir de changer : vous.

Tout le monde a besoin, à un moment de sa vie, d'être encouragé et ramené sur le bon chemin, et nous avons élaboré deux pages dans cette optique. La première s'intitule *Douze conseils formidables pour lâcher prise*, et l'autre contient des paroles d'encouragement à lire dans les périodes éprouvantes. Vous êtes libre de les détacher du livre ou de les photocopier. Conservez-les à un endroit facile d'accès.

Douze conseils formidables pour lâcher prise

1. Abandonnez l'idée que vous pouvez changer une personne.

2. Aimez-vous.

3. Ne prenez pas le comportement des autres comme une affaire personnelle.

4. Ne faites pas plus d'efforts que votre proche difficile pour résoudre ses problèmes.

5. Visez l'amélioration, non la perfection.

6. Sachez apprécier vos progrès, même les plus petits.

7. Rappelez-vous vos erreurs.

8. Demandez de l'aide lorsque vous en avez besoin.

9. Cherchez à combler autrement vos besoins émotionnels.

10. Faites « comme si ».

11. Faites vos propres choix.

12. Décidez de la signification à donner aux événements de votre vie.

Quelques mots d'encouragements
pour les moments où il est difficile d'aimer

Le voyage dans lequel vous vous êtes embarqué avec votre proche difficile vous semble peut-être long. Il est possible qu'il vous ait réservé plus
de peine et de souffrance que vous ne l'auriez imaginé. Votre entourage
ne vous est peut-être pas d'un grand secours. Vous avez peut-être eu
envie d'abandonner à plusieurs reprises. Mais vous avez survécu, et il
est maintenant temps de vivre.

Les épreuves que vous avez traversées dissimulaient peut-être des
cadeaux merveilleux. Un de ceux que vous pouvez vous faire régulièrement est de lâcher prise. Ne restez pas dans une situation d'enchevêtrement avec votre proche difficile, et ne vous détachez pas de lui. Cherchez
le juste milieu. Efforcez-vous d'être en phase avec lui et de lui manifester
votre amour, tout en maintenant des limites fermes qui ne laissent pas
aux autres la possibilité de se servir de vous.

Vous pouvez continuer à interagir avec votre proche comme vous l'avez
toujours fait, ou vous pouvez vous changer. Une chose est sûre : vous ne
changerez pas votre proche difficile. Il le fera peut-être par lui-même,
mais vous ne pouvez pas le faire à sa place. Vous êtes la seule personne
que vous avez le pouvoir de changer.

Profitez de la vie. Vivez-la à fond, même si les autres ne le font pas. C'est
votre droit et votre responsabilité. En faisant trop de sacrifices, vous y
perdez votre vitalité, et ce n'est bon pour personne. C'est vous qui décidez de ce qui doit se passer dans votre vie. Personne d'autre !

Ressources

Les ressources suivantes vous fourniront le soutien, les renseignements et les méthodes dont vous aurez besoin pour compléter ce que vous avez appris dans *Il est si difficile de t'aimer*. Nous vous encourageons à les consulter.

Québec

Le site Web **Santé et services sociaux Québec** du gouvernement du Québec, section Santé mentale, vous renseigne notamment sur ce qu'est la maladie mentale, sur les moyens de la prévenir et sur l'aide que l'on peut recevoir et prodiguer à un proche. Dans la section *Aide* de ce site, la sous-section *Ressources* propose une liste de liens très utiles vers différents organismes d'aide.

www.msss.gouv.qc.ca/sujets/prob_sante/sante_mentale

FFAPAMM

La Fédération des familles et amis de la personne atteinte de maladie mentale offre un soutien précieux aux personnes qui souhaitent venir en aide à un proche atteint d'une maladie mentale.

1990, rue Cyrille-Duquet, bureau 203, Québec (Québec) G1N K48
Téléphone : 418 687-0474
Sans frais : 1 800 323-0474
info@ffapamm.qc.ca

www.ffapamm.qc.ca

Fondation des maladies mentales

La Fondation des maladies mentales a pour mission de rendre le dépistage des maladies mentales plus accessible afin que les gens en état de souffrance soient traités et puissent continuer de fonctionner dans la société. Elle a également pour objectif d'informer, de sensibiliser et de démystifier. Son site Web contient une mine de renseignements, et il offre également un outil de recherche complet qui permet de déterminer quelles ressources sont offertes dans votre région et dans votre ville (section *Aider une personne*, puis *Bottin des ressources*).

401-2120, rue Sherbrooke Est, Montréal (Québec) H2K 1C3
Téléphone : 514 529-5354
Sans frais : 1 888 529-5354
info@fondationdesmaladiesmentales.org

www.fondationdesmaladiesmentales.org

Association canadienne pour la santé mentale

L'Association canadienne pour la santé mentale « est un organisme bénévole œuvrant à l'échelle nationale dans le but de promouvoir la santé mentale de tous et de favoriser la résilience et le rétablissement de personnes atteintes de maladie mentale ». Sur son site Web, vous trouverez des renseignements sur le bien-être émotionnel et sur la maladie mentale, ainsi que des ressources pour trouver un professionnel en santé mentale ou d'autres services similaires.

326-911, rue Jean-Talon Est Montréal (Québec) H2R 1V5
Téléphone : 514 849-3291
acsm@cooptel.qc.ca

www.cmha.ca

AQPAMM

L'Association québécoise des parents et amis de la personne atteinte de maladie mentale (AQPAMM) « est un organisme communautaire mis sur pied en avril 1979 par un groupe de parents et amis à la recherche de solutions aux nombreux problèmes posés par la présence de la maladie mentale d'un proche souffrant de troubles sévères et persistants ».

1260, rue Sainte-Catherine Est, bureau 202 A, Montréal (Québec) H2L 2H2
Téléphone : 514 524-7131
aqpamm@bellnet.ca

www3.sympatico.ca/aqpamm/

France

AAPEL

L'Association d'aide aux personnes avec un «état Limite» a pour vocation d'aider les personnes souffrant d'un trouble de la personnalité limite, état limite ou *borderline* ainsi que leurs proches et leurs familles. Les personnes qui souffrent d'un trouble de la personnalité «borderline» sont des adultes sans la moindre déficience intellectuelle, mais qui sont émotionnellement perturbés et manifestent des comportements pouvant parfois sembler excessifs, enfantins ou immatures. Dans Internet uniquement.

www.aapel.org.

Dépendances.net

Dépendances.net est un site Web qui permet d'y voir plus clair dans les différents types de dépendance.

www.dependances.net

Québec et France

AA

Alcooliques Anonymes est un organisme destiné aux personnes qui pensent avoir un problème avec l'alcool. Tout le monde peut assister aux réunions des alcooliques anonymes. Pour se joindre à ce programme, l'essentiel est d'avoir la volonté d'arrêter de boire. Il existe d'autres programmes dérivés du programme des Alcooliques Anonymes en 12 étapes, notamment, les Narcotiques Anonymes (NA), Cocaïnomanes Anonymes (CA), Gamblers Anonymes (GA), Outremangeurs Anonymes (OA), Sexoliques Anonymes (SA), Dépendants Affectifs Anonymes (DAA), Déprimés Anonymes (DA). Il est possible de trouver des renseignements sur ces mouvements d'entraide dans Internet.

Québec:

Le Québec est divisé en quatre régions (de 87 à 90) ; pour connaître le numéro de téléphone des AA dans votre ville ou dans votre région, consultez l'annuaire téléphonique. Montréal : 514 376-9230

www.aa-quebec.org

France:

08.20.32.68.83

www.alcooliquesanonymes.fr
(à partir de ce site, liens vers les sites belge et suisse des Alcooliques Anonymes).

Al-Anon/Alateen

Al-Anon/Alateen est un organisme international affilié aux Alcooliques Anonymes dont la mission est d'aider les adultes et adolescents dont la vie est affectée par l'alcoolisme d'un proche.

www.al-anon.alateen.org (site général)

Québec:

Les numéros de téléphone varient en fonction de la région.
Pour Montréal et sa banlieue : 514 866-9803

www.al-anon-quebec-est.org (Québec-Est)
www.al-anon-alateen.qc.ca (Québec-Ouest)

France:

4, rue Fléchier 75 009 Paris
Téléphone : 01.42.80.17.89
al-anon.contact@wanadoo.fr

http://assoc.pagespro-orange.fr/al-anon.alateen.france/

Les auteurs

Bill Klatte, MSW, LCSW, est psychothérapeute et travailleur social depuis plus de 32 ans. Il pratique actuellement la psychothérapie dans un centre de santé Medical Associates, près de Milwaukee (Wisconsin) et il a conseillé des milliers de personnes dans le cadre de séances individuelles et de rencontres en famille et en groupe. Il offre des conférences, des ateliers et des séminaires à des professionnels et non-professionnels sur différents sujets, notamment l'art d'être parent, la gestion de la colère et la croissance personnelle.

Kate Thompson est écrivaine, éducatrice, *coach* de vie et éditrice. Elle a créé et géré quatre programmes de services sociaux sur l'île de Manitoulin, en Ontario. Elle donne actuellement des cours en dynamique de la vie et en préparation à l'emploi, et elle prépare un programme d'enseignement sur les études autochtones. Elle a mis sur pied plusieurs cours et ateliers portant sur l'agression sexuelle, la violence familiale, la maltraitance et la croissance personnelle.